Dr Éric Saban et Alix Lefief-Delcourt

GUIDE DE POCHE DES NOUVEAUX PAPAS

Téléchargez :
Les grandes étapes de l'évolution du fœtus in utero
Rendez-vous p. 384

POCHE
LEDUC.S

SOMMAIRE

PRÉFACE

Je suis devenu papa sur le tard, à plus de 51 ans. Je n'ai jamais éprouvé le désir ou l'envie d'être père. Mais cela a changé lorsque j'ai rencontré ma femme. Davantage posé dans ma vie, j'ai eu besoin de transmettre quelque chose. Devenir papa est alors devenu une évidence. Dans mon travail aussi, j'ai un peu cette sensation, cette envie de transmission, alors que cela ne me traversait pas l'esprit il y a 10 ou 15 ans.

J'ai vécu la grossesse de ma femme avec beaucoup d'angoisse : j'avais en permanence besoin d'être rassuré sur le fait que tout se passait bien. Ma hantise était que l'enfant ne soit pas normal. Mais la grossesse a aussi été une période importante pour moi. La nature est bien faite : elle nous laisse neuf mois, à nous les papas, pour nous imprégner du sujet, pour entériner la situation, pour nous préparer à ce tout nouveau rôle.

La naissance de mon fils, je l'ai vécue comme si j'allais faire une compétition importante. Sportif de haut de niveau, je connais les automatismes pour me conditionner, me concentrer. Le jour de l'accouchement, je me suis mis dans les mêmes conditions et je me suis focalisé sur cet événement. Ma femme ayant accouché par césarienne, j'ai dû attendre dans le couloir. Puis on est venu me chercher, je suis entré dans la salle et l'infirmière m'a présenté mon fils. Je n'avais pas le souvenir d'avoir tenu un enfant si petit dans les bras. J'étais figé : il paraissait si fragile, j'avais peur de le casser. Puis l'infirmière m'a tendu un biberon pour que je le lui donne. Je ne savais pas comment faire, mais je n'ai pas eu le choix : je me suis retrouvé à donner le premier biberon de mon fils. Cela reste, encore aujourd'hui, mon plus beau souvenir. C'est à ce moment-là que j'ai senti que je transmettais quelque chose. C'est un geste très symbolique aussi. Je me suis senti papa. Je suis entré en action alors que, jusque-là, j'avais été spectateur.

Puis la relation avec l'enfant se développe et se construit avec le temps. On s'apprivoise progressivement l'un autre. Aujourd'hui, mon fils s'affirme de plus en plus. Il a une relation très forte avec sa mère, j'essaie de recentrer tout cela. Il est constamment en opposition avec moi. J'essaie de l'intéresser à ce que je fais, c'est-à-dire le sport, lui me répond systématiquement qu'il n'aime pas cela. Cela fait partie de son fonctionnement, mais j'ai du mal à me fâcher contre lui ! Au quotidien, j'essaie de ne pas me poser trop de questions sur

mon rôle de papa. Je crois que l'on transmet de manière instinctive et naturelle les choses que l'on nous a transmises à nous-mêmes. Je ne pense pas à demain ou à après-demain, je me projette davantage sur ce dont il aura besoin dans 10 ou 15 ans. Je veux lui procurer les moyens de faire des études, de s'épanouir dans sa vie.
Ce qui a changé dans ma vie depuis que je suis devenu papa ? Ce manque que je ressens dès que je m'absente, et qui n'existait pas avant. Un manque de plus en plus présent et de plus en plus fort au fil du temps.

Marc Madiot, papa de Mathis,
ancien coureur cycliste, manager de l'équipe FDJ,
président de la Ligue nationale de cyclisme.

REMERCIEMENTS

Avant tout, je voudrais dédier ce livre à ma fille Agathe, qui m'a fait devenir… un papa !
C'est toi Agathe qui, sans le savoir, m'as donné envie et m'as motivé pour écrire ce livre, sûrement aussi pour que tu sois, par moments, fière de ton papa.
Devenir papa, c'est (en tout cas pour moi) sentir grandir en soi un amour incomparable et toujours plus fort, bien différent de l'amour que l'on peut éprouver pour son conjoint ou ses parents, mais pas toujours facile à exprimer au quotidien. Agathe, ma puce, sois sûre de cet amour que je te porte.
J'aime bien, et je trouve très juste, cette citation de Denis Lord, romancier québécois : « Un père n'est pas celui qui donne la vie, ce serait trop facile, un père est celui qui donne l'amour. »
Un grand merci à Alix Lefief-Delcourt, coauteure de cet ouvrage, qui m'a guidé et encouragé dans sa réalisation, sans me mettre (trop) de pression,

et en remettant en place des phrases et des idées exprimées de façon parfois désordonnée…
Merci à Marc Madiot, qui m'a tout de suite et spontanément dit « oui » quand je lui ai demandé de préfacer ce livre.
Je remercie également M. Antoine Hardy, sage-femme, qui n'a pas hésité à m'adresser de la documentation sur les séances de préparation à l'accouchement « spéciales papa » qu'il a élaborées.
Et enfin, un grand merci à tous les papas qui ont bien voulu témoigner et exprimer leur ressenti… de papa !

INTRODUCTION

Si vous avez ce livre entre les mains, c'est parce que votre vie va bientôt changer du tout au tout. Dans quelques semaines ou mois, vous allez être papa. Vous allez devenir responsable d'un nouveau petit être, vous devrez vous en occuper au quotidien, le nourrir, le changer, l'habiller, l'éduquer, l'aider à trouver sa voie dans la société. Une énorme responsabilité qui commence à l'annonce de la grossesse de votre compagne. C'est en vous impliquant dès les premiers moments que vous allez devenir papa. Bien sûr, vous serez parfois sujet à des doutes et des interrogations divers et variés. Mais rassurez-vous, vous n'êtes pas le seul. On ne devient pas papa du jour au lendemain : c'est une fonction ou un rôle qui s'apprend sur le tas, au quotidien…

Ce livre est là pour vous y aider en répondant aux principales questions que vous allez sûrement vous poser, depuis la conception de votre bébé jusqu'à son entrée à l'école maternelle. Tous les grands thèmes et les grandes étapes du développement de Bébé seront abordés sous forme de 100 questions/réponses : la grossesse, l'accouchement, les premiers jours avec votre tout-petit, le mode d'emploi pour lui donner le bain ou le biberon, les évolutions de votre vie professionnelle, sociale, amoureuse et même sexuelle après son arrivée, les moments clés à gérer (le sommeil, la marche, la propreté, le langage, la phase du *non*…), etc. On évoquera aussi le rôle du père aujourd'hui, qui cherche souvent sa place entre figure d'autorité et papa complice. Nous avons décidé de laisser également une large place à la parole des papas. Car ce sont eux qui parlent le mieux de leur rôle. Vous y lirez d'autres façons de faire, d'autres manières de voir les choses. Chaque papa est différent. À vous de découvrir celui que vous allez devenir !

Paroles de papa

« Devenir papa, c'est vivre pour une autre personne que soi-même. On prend moins de risques, on a une vision à plus long terme… En même temps, ça change tout le quotidien. La gestion du temps est complètement différente : le matin, la première heure est entièrement consacrée aux enfants, on n'a plus de dimanche, il faut déployer toute une logistique pour le moindre déplacement… Mais à partir du moment où on a un enfant, toutes les qualités nécessaires pour assurer comme papa viennent avec : on est plus patient, on supporte mieux la fatigue… »

Florian, papa d'Ettan et Emmie

« La naissance de mes filles m'a fait prendre conscience de certaines choses auxquelles je n'avais même jamais pensé. Pour la première fois, je me suis mis à réfléchir à très long terme, je mesurais beaucoup plus ce que je faisais qu'auparavant, où j'étais simplement dans l'instant. La notion de responsabilité est devenue très importante : être papa, c'est aussi participer à la construction d'un être humain. »

David, papa de Manon et Charlotte

À noter : les mots suivis d'un astérisque (*) sont définis dans le glossaire p. 365.

AVANT LA CONCEPTION DE BÉBÉ...

1. Comment naît le désir d'être papa ?

On parle souvent du désir de devenir maman, mais beaucoup plus rarement de celui de devenir papa. Et pourtant, il existe lui aussi. D'où vient l'envie de devenir père ? Peut-être ne vous êtes-vous, futur papa, jamais posé la question ! Peut-être faites-vous partie de ces hommes qui ont toujours attiré, ou été attirés par les enfants, qui ont toujours eu envie d'avoir un ou des enfants. Peut-être, au contraire, avez-vous toujours affirmé que vous n'en auriez jamais, puis changé votre fusil d'épaule. Peut-être, enfin, vous êtes-vous lancé dans cette aventure pour suivre la future maman (que vous aimez passionnément) sans vrai désir de paternité… jusqu'à la première échographie.

Le désir d'enfant fait partie de l'intimité de l'homme et peut survenir à différents moments de la vie : lorsqu'il pense avoir trouvé en la future maman la femme de sa vie, autrement dit la stabilité affective ; lorsqu'il se sent professionnellement stable ou encore, les années passant, lorsqu'il se dit qu'il serait dommage de passer à côté de la paternité. Contrairement à la future maman qui, la plupart du temps, ressent dans son corps le désir d'enfant et privilégie la dimension affective de la maternité, le futur papa est plus « cérébral » : il a dû réfléchir plusieurs années avant de se sentir prêt à être papa, car sa priorité était de parvenir à une stabilité amoureuse, familiale, professionnelle et surtout financière, avant d'avoir un enfant. Pour la majorité d'entre eux, les hommes veulent en effet être sûrs de pouvoir subvenir aux besoins de leur famille.

Mais parfois, même quand cette stabilité est atteinte, le désir de paternité de certains hommes ne se révèle que lors de la grossesse, souvent même au moment de la première échographie. En effet, même si l'*envie* d'un bébé est (en général) présente dès la conception, l'*idée* d'un bébé est beaucoup plus abstraite pour vous que pour votre compagne. La première échographie, en concrétisant par l'image l'idée que l'on a de son

futur bébé, peut ainsi déclencher la naissance d'un profond désir de paternité.
Ce désir d'enfant du futur papa est aussi conditionné par son expérience de fils : son histoire personnelle, et en particulier l'image de son propre père, joue très souvent dans ce désir de paternité. S'il a été présent et aimant, il ouvre grand la porte, inconsciemment, à un désir de paternité. S'il a au contraire été absent ou indifférent, cela peut freiner le désir d'enfant pendant de nombreuses années ou, à l'inverse, donner une irrépressible envie de fonder une famille pour transmettre à son enfant ce que l'on n'a soi-même pas reçu.
Enfin, l'envie d'être père peut aussi venir des amis, déjà heureux papas, qui font partager leur bonheur (mais aussi sûrement leurs angoisses au quotidien). Mais tout cela est maintenant derrière vous car ça y est : dans quelques mois, vous allez être papa.

Paroles de papa

« Le désir d'être papa était un désir latent que j'avais en pointillé depuis longtemps. Le problème est qu'il faut être avec la bonne personne, être sûr de soi, être sûr que l'on va bien se donner à fond. Car c'est un investissement sur plusieurs dizaines d'années ! Cela s'est imposé comme une évidence quand j'ai rencontré la

> maman de mon fils. On est tombé d'accord sur le fait d'avoir un bébé plus ou moins par magie... »
>
> *Tristan, papa d'Augustin*

2. *Comment gérer ensemble le désir d'enfant ?*

Si le désir de paternité est complexe, la gestion du désir d'enfant en couple n'est pas non plus toujours très simple... Cette notion de gestion du désir d'enfant est relativement récente. La question ne se pose que depuis que la contraception existe, notamment la pilule contraceptive. En effet, ne pas avoir d'enfant se maîtrise, mais décider d'en avoir un ensemble n'est ni facile ni spontané. Et même si la maternité est devenue un acte volontaire (dans la majorité des cas du moins) que l'on peut programmer, tout n'est pas si simple : le désir d'enfant n'est pas simultané et on est rarement prêts en même temps. Avouez-le, vous, futur papa : votre compagne vous a souvent dit qu'elle se sentait prête à se lancer dans cette grande aventure qu'est la maternité, au bout de quelques mois ou années de vie commune. Rien d'étonnant : la femme porte son désir d'enfant dans son ventre et la plupart ressentent la maternité comme un besoin, nécessaire, voire indispensable, à leur épanouissement personnel.

Pourtant, pour vous, ce passage à la paternité n'a pas été évident (voir question précédente), et vous avez eu plus de mal à vous sentir prêt. Vous avez sûrement avancé des arguments dont vous étiez convaincu, quitte à passer pour un égoïste, mais qui paraissaient pour la future maman irrecevables, voire fallacieux : un bébé, c'est moins de liberté, plus de contraintes, moins de soirées entre amis... Vous avez aussi peut-être eu peur de partager votre chérie avec un tiers, fût-il la « chair de votre chair » : vous vous le représentiez déjà comme un intrus. Ou, tout simplement, sans évoquer de raison particulière, vous ne vous sentiez instinctivement pas prêt.
Le futur papa doit en effet intégrer, pour prendre sa place de père, deux types de données : celles de son histoire personnelle (et en particulier de sa relation avec son propre père) et les données propres à sa génération. En effet, devenir papa aujourd'hui n'a plus grand-chose à voir avec ce qu'ont vécu votre père et votre grand-père... Avouez-le, vous avez sûrement été pris de court par ce projet que votre compagne a établi pour vous deux. Vous avez voulu marquer un temps d'arrêt pour « y réfléchir », ce qui ne voulait pas forcément dire « non ».
Pour vous sentir enfin prêt, il a fallu du temps. Il y a encore une génération, dans la grande majorité des cas, le désir d'enfant survenait plus tôt chez les femmes que chez les hommes.

Mais les choses changent (voir encadré ci-après). En dehors de toute considération raisonnée, si on ne parle que d'instinct, il y a plusieurs années d'écart entre les deux, et c'est ce décalage qu'il a fallu gérer. Certains futurs papas, par profond amour pour leur compagne, ont accepté de la suivre dans cette grande aventure, sans se sentir tout à fait prêts. Mais en fait ils l'étaient, sans en être conscients. Preuve en est la façon dont ils ont vécu la naissance de leur bébé, d'abord bouleversés puis papas très attentifs par la suite. D'autres encore ont pris leurs responsabilités quand leur compagne leur a annoncé qu'elle assumait pleinement son désir d'enfant en arrêtant la contraception. C'est vous, futur papa, qui en avez ressenti l'envie, et décidé de prendre le risque de rapports non protégés, malgré des peurs bien compréhensibles.

Paroles de papa

« Pour être franc, je n'ai jamais eu de désir d'être papa, mais plutôt le désir de rendre ma femme heureuse. Ma compagne a été claire avec moi dès le début sur son désir d'avoir un enfant. Étant déjà papa et quadra, je n'étais pas vraiment emballé et il m'a fallu plus de temps

> pour accepter. Je désirais avant tout construire un couple. Cela a été le fruit d'une discussion apaisée. Après, c'est devenu une évidence. »
>
> *Thomas, papa de Louison et Sacha*

Mais dans d'autres cas, c'est l'inverse : certaines futures mamans, souvent carriéristes, ont mis entre parenthèses le fait de fonder une famille et c'est vous, futur papa, qui avez dû la convaincre, souvent au bout de plusieurs mois ou années, parfois en lui rappelant que l'horloge biologique tourne, que c'est la femme de votre vie et que l'épanouissement de votre couple passe par l'arrivée d'un enfant. Enfin, dans les familles recomposées, le fait de s'imaginer futur papa ne se pose que si vous n'avez pas d'enfant et elle si : confronté à ses enfants, il est probable que votre désir de devenir père s'en soit trouvé boosté (même si parfois, au contraire et au premier abord, vous vous êtes dit « jamais »). Mais vous avez changé d'avis. La preuve : vous lisez ces lignes. Et même si votre compagne, souvent perturbée par sa séparation, n'a pas d'emblée dit oui à ce projet, vous avez dû vous montrer convaincant. Tout est question d'amour, et de temps...

Les hommes veulent des enfants plus tôt que les femmes

Contrairement aux idées reçues, les hommes se voient souvent pères avant les femmes. Ils sont aussi plus nombreux à dire qu'ils ont toujours voulu avoir des enfants. Ce sont les conclusions d'un récent sondage mené par le site britannique Vouchercloud. Ainsi, pour les hommes, l'âge idéal pour devenir papa serait de 29 ans, alors que pour les femmes, il est de 32 ans. Les hommes comptent aussi avoir leurs enfants avant 35 ans, alors que les femmes sont prêtes à accoucher jusqu'à 41 ans. Une différence qui reflète bien l'évolution de la société : les femmes veulent concilier une carrière professionnelle avec une vie de famille, ce qui les incite à vouloir faire des enfants plus tard. Quant aux hommes, leur image de père a évolué : décomplexée, elle est désormais plus en accord avec leur image d'homme jeune et dynamique. De plus, à la question « Avez-vous toujours voulu avoir des enfants », près de neuf hommes sur dix répondent oui, alors que les femmes ne sont que huit sur dix.

3. Comment mettre toutes les chances de notre côté pour que la grossesse arrive vite ?

Certains couples mettent plus de temps que d'autres pour concevoir un enfant. En moyenne, chez les couples qui ont des rapports réguliers, la grossesse survient en un ou deux mois dans 25 % des cas, dans les six mois dans 60 % des cas, dans l'année pour 80 % des couples et dans les 18 mois pour 90 % d'entre eux. Certains facteurs environnementaux peuvent retarder la conception, tant chez l'homme que chez la femme. Chez l'homme, le tabac, l'alcool, l'obésité, certains médicaments, l'exposition à la chaleur des organes génitaux (port d'un slip ou d'un pantalon trop serré) ou encore l'exposition à des produits chimiques peuvent influencer la qualité ou la quantité des spermatozoïdes*. S'ils sont affaiblis (asthénospermie*) ou en nombre insuffisant (oligospermie*), ils sont incapables d'atteindre l'ovule* et donc de le féconder. Chez la femme, la qualité des ovules se dégrade avec l'âge et, après 35 ans, l'ovulation* ne se produit plus à chaque cycle, même si les règles sont régulières. Chez elle aussi, le tabac, l'alcool ou certains médicaments peuvent nuire à la fertilité, et en particulier à la qualité des ovules.

En pratique, voici quelques conseils pour augmenter vos chances d'avoir un enfant rapidement.

- **Évitez de fumer.** Le tabac nuit à la santé en général. Il réduit aussi la fertilité et affecte la qualité des spermatozoïdes. Cela vous concerne vous, mais aussi la future maman qui sera incitée, de toute façon, par vous-même, par son médecin et par son entourage proche, à cesser de fumer dès le début de sa grossesse.
- **Limitez votre consommation d'alcool** qui peut avoir des conséquences négatives sur la fertilité.
- **Surveillez votre poids.** On sait aujourd'hui que le surpoids est l'ennemi de la fertilité masculine. Si vous cherchez à avoir un bébé, c'est peut-être le bon moment pour revoir certaines de vos (mauvaises) habitudes alimentaires, et pour bouger un peu plus dans votre vie de tous les jours. Incitez votre compagne à faire de même : chez la femme aussi, le surpoids peut être un facteur d'infertilité. Il peut également rendre la grossesse et l'accouchement plus difficiles.
- **Restez zen.** Le stress nuit à la qualité des spermatozoïdes, tout comme il peut décaler l'ovulation chez la femme. Détendez-vous, reposez-vous, prenez des vacances… Moins vous y penserez, mieux vous serez dans votre tête et votre corps, et plus vos chances de concevoir un enfant seront grandes.
- Pour « viser juste », **déterminez ensemble la date de l'ovulation**. Pour info, elle survient

14 jours avant les règles quand les cycles sont réguliers. Cela se manifeste par une petite élévation de la température corporelle. Il existe aussi des kits de détection de l'ovulation, en vente en pharmacie. Cette période de grande fécondité dure trois ou quatre jours (voir aussi l'encadré ci-après), pendant lesquels il est conseillé d'avoir des rapports quotidiens. Mais ne vous mettez pas la pression en vous disant que c'est le moment ou jamais de faire l'amour. Cela ne se fait pas sur commande.

- Si aucune grossesse ne survient au bout de deux ans, **il est conseillé de consulter un spécialiste**. Ne tardez pas : certaines causes de stérilité sont transitoires et faciles à traiter. D'autres nécessiteront un parcours plus difficile pour parvenir à une grossesse.

La fécondation, une question de timing... et de plaisir !

La fécondation* suppose une synchronisation : l'ovule doit être parvenu à maturité au moment où les spermatozoïdes arrivent. Notez que ceux-ci peuvent survivre jusqu'à 4 jours dans les voies génitales. Par conséquent, un rapport sexuel ayant lieu deux ou trois jours avant l'ovulation peut permettre une fécondation. En revanche, si les spermatozoïdes arrivent après, c'est trop tard. Sachez aussi que l'orgasme est un facteur favorisant la fécondation. En effet, les contractions du vagin liées au plaisir attirent les spermatozoïdes vers le col un peu comme des vagues. Messieurs, si vous souhaitez avoir un bébé, vous savez ce qu'il vous reste à faire.

Partie 1

NEUF MOIS POUR SE PRÉPARER À ÊTRE PÈRE

La grande nouvelle est tombée : vous allez prochainement devenir père. Les mois qui viennent vont vous permettre de vous préparer tout doucement à cette idée… Découvrez dans cette première partie quelles sont les grandes étapes de la grossesse de votre compagne, un listing des nombreuses choses à préparer avant la naissance et nos conseils pour être prêt le jour J !

Chapitre 1

LE DÉROULEMENT DE LA GROSSESSE

4. Comment choisir la maternité où va naître notre bébé ?

Plusieurs critères doivent intervenir dans le choix de la maternité, parmi lesquels l'accueil, le confort, mais aussi et surtout la sécurité pour la future maman et son bébé. Il faut également éviter un trop grand éloignement de votre domicile. Dès que le médecin qui suit la grossesse vous a informé des différentes options, n'hésitez pas, si vous en avez la possibilité, à visiter plusieurs établissements avant d'arrêter votre choix.

Le type de maternité. Depuis 1999, les maternités sont classées en fonction de leur type de prise en charge : niveau de soin néonatal, avec présence ou non d'unités de néonatalogie ou de réanimation néonatale, présence ou non de réanimation adulte.

- **Lorsque la grossesse se déroule normalement et qu'il n'y a pas de pathologie fœtale, votre compagne pourra accoucher dans une maternité de niveau 1*** équipée d'une unité d'obstétrique, ou dans la maternité de votre choix (il n'existe aucune « sectorisation »). Dans ces unités de niveau 1, qui prennent en charge les grossesses « normales », c'est-à-dire sans risque particulier ni pour la mère ni pour l'enfant, les nouveau-nés peuvent bien sûr être pris en charge s'ils sont atteints d'une affection sans gravité. Parmi les soins possibles : la photothérapie (en cas d'ictère modéré, c'est-à-dire de « jaunisse »), le réchauffement en incubateur ou les perfusions de courte durée.
- **Lorsqu'il y a notamment un risque d'accouchement prématuré, ou plus généralement une grossesse dite « à risques »** (voir encadré ci-après), **la future maman sera orientée vers une maternité de niveau 2*** avec (2b) ou sans (2a) unité de soins intensifs, **ou une maternité de niveau 3***, avec unité de réanimation néonatale et de réanimation adulte. Sachez néanmoins que les maternités de niveaux 2 et 3 assurent aussi le suivi des grossesses « normales » si vous habitez près d'un tel établissement.
- **Si un problème est décelé pendant la grossesse,** le dossier de la future maman sera transféré vers une maternité dans laquelle

l'accouchement se déroulera en toute sécurité et où le bébé pourra recevoir les soins les plus adaptés. Décider d'un « transfert *in utero* » (c'est-à-dire avant la naissance), dans une maternité de niveau 3, d'un bébé très à risque (qui risque de naître avant 32 semaines d'aménorrhée* ou ayant un poids de naissance prévisionnel en dessous de 1 500 g) évite le transfert postnatal depuis une maternité de niveau 1 ou 2, et diminue le risque de complications et de mortalité. Cela permet également à la maman et au bébé de ne pas devoir changer de maternité, ce qui est un gage supplémentaire de confort.

Quelles sont les grossesses « à risques » ?

Les futures mamans qui font l'objet d'une surveillance renforcée sont :
• celles qui ont déjà subi une grossesse difficile ayant occasionné des complications parfois sévères ;
• celles qui sont atteintes d'une maladie chronique (diabète, hypertension artérielle, maladies de la thyroïde, troubles de la coagulation, épilepsie, infection au VIH...) ;

• celles qui souffrent de dépression, ou qui sont dépendantes d'une drogue (tabac, alcool, cannabis, etc.) ;
• enfin et surtout celles qui courent un risque d'accouchement prématuré, notamment en cas de grossesse multiple ou de grossesse non spontanée (par procréation médicalement assistée : insémination, fécondation *in vitro*...).

La sécurité et les soins. C'est un critère essentiel dans le choix de la maternité. Il faut s'assurer, pour le bon déroulement de la fin de la grossesse, que l'établissement dispose du matériel adapté, ce qui est difficile à vérifier (mais heureusement quasiment toujours le cas !) et d'une équipe pluridisciplinaire entraînée. Celle-ci doit se composer :

– d'une sage-femme ;
– d'une aide-soignante ;
– d'un gynécologue obstétricien ;
– d'un anesthésiste-réanimateur ;
– d'un pédiatre.

Toujours pour la sécurité de la mère et de l'enfant, il est préférable que ces trois derniers intervenants soient présents 24 heures/24 (ou du moins que le pédiatre soit, s'il n'est pas présent sur le site, en « astreinte opérationnelle », c'est-à-dire capable d'arriver sur place en quelques minutes). Cette exigence est de règle dans les maternités qui réalisent plus de 1 500 naissances par an. Autre point très important : si votre compagne désire accoucher sous péridurale*, vérifiez qu'elle pourra en bénéficier à tout moment, quelle que soit l'heure du jour ou de la nuit. En clair, un anesthésiste est-il présent 24 heures/24 ou, au moins, peut-il être facilement joignable et rapidement disponible ? Le choix de la maternité peut aussi se faire en fonction de critères purement médicaux : taux de césariennes* pratiquées (en fonction, bien sûr, du niveau de la maternité), taux d'accouchement sous péridurale, taux d'épisiotomie*... Enfin, n'oubliez pas que l'activité de la maternité idéale doit aussi concilier les avantages d'une pratique régulière (plus de 700 accouchements par an) et d'un contact aussi personnalisé que possible avec la future maman (ce qui paraît difficile au-delà de 2 500 accouchements par an).

Public ou privé ? Dans ce choix, l'aspect financier n'est pas à négliger.

- **À l'hôpital public**, tout est pris en charge sauf si la future maman demande que ce soit son gynécologue obstétricien qui a suivi toute la grossesse qui procède à l'accouchement, même s'il n'est pas « de garde » ce jour-là. Mais ces accords entre accoucheur et patiente ne peuvent se faire que dans certains hôpitaux. Renseignez-vous bien avant.

- **Dans le privé,** hormis le prix du séjour en maternité, n'oubliez pas de prendre en compte les honoraires du gynécologue accoucheur. Ils doivent vous être précisés avant que vous ne choisissiez l'établissement, pour éviter de mauvaises surprises. Sachez aussi que certaines cliniques privées favorisent l'aspect « hôtellerie » de la structure, parfois aux dépens de la sécurité.

Sachez aussi que le gynécologue libéral de votre femme peut également travailler dans un établissement privé (clinique), auquel cas la future maman aura la possibilité de le suivre pour qu'il procède à l'accouchement. S'il travaille dans un établissement public, ce n'est pas forcément lui qui s'occupera de l'accouchement, ce sera la sage-femme ou le gynécologue obstétricien « de garde » ce jour-là. Certains praticiens libéraux, même s'ils sont obstétriciens, ne pratiquent plus les accouchements. Dans ce cas, ils ont la possibilité de suivre la grossesse dans leur cabinet médical, parfois même de faire les échographies. Tout cela jusqu'au sixième mois de grossesse, puis ils « passent la main » à l'hôpital ou à la clinique privée de votre choix.

Le confort. N'hésitez pas à aller visiter les établissements recommandés par le médecin pour estimer les prestations d'accueil et de confort en fonction de vos attentes. Renseignez-vous sur l'« hôtellerie » : chambres individuelles ou non, présence ou non d'une salle de bains dans la chambre, place du berceau par rapport à votre lit, possibilité pour vous, futur papa, d'assister à l'accouchement et de rester avec la jeune maman la nuit qui suit l'accouchement, nombre de lits dans la nursery et possibilité ou non d'y laisser le bébé la première nuit, durée moyenne du séjour en maternité, horaire des visites, possibilité ou non pour la fratrie de venir voir le bébé…

Accoucher ailleurs qu'à la maternité, c'est possible ?

Le plan Périnatalité a retenu l'idée des **maisons de naissance**, un concept qui existe déjà dans d'autres pays européens. Ces maisons, gérées par des sages-femmes, offrent aux futures mamans qui le désirent un suivi de grossesse, de l'accouchement et du post-partum* dans un cadre moins médicalisé, plus agréable, « comme à la maison », avec confort, ambiance douce, mais aussi sécurité. Elles sont réservées aux femmes « à bas risque ». Ces maisons de naissance sont « systématiquement attenantes à un établissement de santé avec lequel elles passent convention ». Si un problème survenait dans la maison de naissance, la femme serait aussitôt transférée vers la maternité, ce qui est, sur le papier, très sécurisant. Fin 2015, neuf maisons de naissance ont reçu l'accord pour fonctionner à titre expérimental pendant cinq ans. Il est aussi possible **d'accoucher à la maison** : en France, une future maman sur 500 fait ce choix, avec l'accord d'une sage-femme libérale. Pour cela, la grossesse doit se dérouler sans le moindre problème et la future maman ne doit être porteuse d'aucune maladie chronique. La sage-femme doit pouvoir disposer de tout le matériel de réanimation et d'oxygénation pour le nouveau-né si cela se révélait nécessaire. Elle est en liaison avec un gynécologue obstétricien disponible. En cas de problème imprévu lors de l'accouchement, elle n'hésitera pas à faire transférer la maman dans une maternité ou à appeler le Samu (15) pour apporter des soins à la maman et/ou au bébé.

Ne tardez pas à vous inscrire !

Inscrivez-vous à la maternité le plus tôt possible dans certaines grandes villes, et notamment à Paris, et dans certaines maternités (qu'elles soient publiques ou privées) très prisées, c'est-à-dire dès que lc grossesse est confirmée. Certaines maternités conseillent sur leur site de les contacter avant d'atteindre les six semaines d'aménorrhée*, c'est-à-dire avant la fin du premier mois de grossesse.

5. Combien de temps dure une grossesse ?

On ne vous apprendra rien en vous disant qu'une grossesse dure neuf mois. En théorie du moins, car dans la réalité, c'est un peu plus compliqué. En effet, cette durée est difficile à calculer car, d'une part, on connaît rarement la date précise du début de la grossesse, à savoir le jour de la fécondation*, et d'autre part parce que neuf mois sont une moyenne. Cette durée standard peut même différer d'un pays à l'autre (on préfère d'ailleurs parler en semaines plutôt qu'en mois, voir ci-dessous le tableau des correspondances semaines/mois). En France, par exemple, elle est fixée à 41 semaines d'aménorrhée* (SA ; voir la définition ci-dessous), tandis qu'en Allemagne, elle est de 40 semaines. Pas facile donc de s'y retrouver ! Pour simplifier les choses, retenez qu'une grossesse est dite à terme quand la future maman arrive à 37 SA, c'est-à-dire au tout début du neuvième mois. Avant, le bébé est considéré comme prématuré (voir aussi p. 151). Au sein de cette prématurité, il existe plusieurs stades : prématurité moyenne (33 SA à 36 SA + 6 jours), grande prématurité (28 à 32 SA + 6 jours) et très grande prématurité (avant 28 SA).

Semaines d'aménorrhée ou semaines de grossesse* ?*

Il existe deux façons de calculer la durée d'une grossesse en semaines.

- Le décompte en semaines d'aménorrhée* consiste à prendre comme point de départ le premier jour des dernières règles de la femme, soit en moyenne 14 jours avant la fécondation*.
- Le décompte en semaines de grossesse*, lui, se base sur le jour de la fécondation*. Il permet donc de déterminer l'âge réel du bébé.

En pratique, les équipes médicales parlent plus souvent en semaines d'aménorrhée* qu'en semaines de grossesse*, car le premier calcul est plus précis. Il est en effet souvent assez difficile d'estimer le jour précis de la fécondation*. Ne vous y trompez pas quand vous entendrez parler la sage-femme ou le médecin de votre compagne : s'il parle de semaines sans autre précision, il s'agit sûrement de semaines d'aménorrhée*.

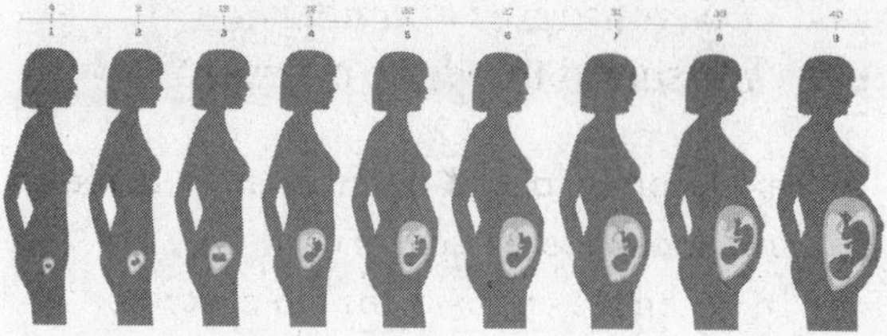

Pour vous aider à vous y retrouver, voici également un tableau de correspondance entre les trimestres, les mois, les semaines de grossesse* et les semaines d'aménorrhée*.

	MOIS DE GROSSESSE	SEMAINES DE GROSSESSE*	SEMAINES D'AMÉNORRHÉE*
1[ER] TRIMESTRE DE GROSSESSE	**1**	1 2 3 4	3 4 5 6
	2	5 6 7 8 9	7 8 9 10 11
	3	10 11 12 13	12 13 14 15
2[E] TRIMESTRE DE GROSSESSE	**4**	14 15 16 17	16 17 18 19
	5	18 19 20 21 22	20 21 22 23 24
	6	23 24 25 26	25 26 27 28
3[E] TRIMESTRE DE GROSSESSE	**7**	27 28 29 30	29 30 31 32
	8	31 32 33 34	33 34 35 36
	9	35 36 37 38 39	37 38 39 40 41

6. Quelles sont les grandes étapes de la grossesse et du développement de Bébé ?

Tout au long de la grossesse, le corps de votre compagne va se transformer. Son moral, son énergie et sa libido aussi risquent d'être en dents de scie. C'est tout à fait normal ! Chaque grossesse est bien sûr unique et chaque femme vit la sienne d'une façon particulière, mais il y a toujours des points communs. Voici, dans les grandes lignes, ce à quoi vous devez vous attendre…

- **Le premier trimestre de grossesse** est souvent le plus éprouvant pour la future maman : certaines souffrent de nausées matinales, et la plupart ressentent des émotions contradictoires (de la joie et en même temps de l'appréhension) liées à leur nouveau statut de future maman, surtout s'il s'agit de la première grossesse. Même si, à ce stade, le corps de votre compagne change peu, les bouleversements intérieurs sont nombreux, et la fatigue est fréquente. Soyez aux petits soins car c'est pour elle une étape qui n'est pas toujours très facile à gérer.
- **Le deuxième trimestre** est souvent le plus tranquille et le plus agréable pour la future maman. Le ventre de votre compagne va s'arrondir de plus en plus, mais en général, elle se sent mieux dans son corps. Sous l'effet

des hormones, sa peau rayonne, ses cheveux sont brillants et épais : vous allez la trouver particulièrement belle. Les nausées de grossesse se sont généralement dissipées, la fatigue aussi, et sa libido est au top (voir aussi p. 73). Profitez-en ensemble !

- **Le troisième trimestre** est généralement un peu moins zen. La fatigue est plus présente (le bébé pèse de plus en plus), et avec elle, des petits maux de grossesse peuvent apparaître : douleurs rachidiennes, constipation, œdèmes (en particulier des membres inférieurs : jambes gonflées), insomnies, douleurs abdominales, douleurs articulaires, brûlures d'estomac… Sans oublier l'inquiétude qui grandit au fur et à mesure que l'accouchement se rapproche. Pendant toute cette période, restez disponible et à son écoute. Encore un peu de patience, votre bébé ne devrait plus tarder…

Et pendant ce temps-là, que se passe-t-il dans le ventre de votre compagne ? Le développement de votre bébé y est continu et très rapide. En neuf mois, il va passer de quelques dixièmes de millimètres et de quelques dixièmes de grammes à environ 50 cm pour un poids de plus de 3 kg en moyenne à la naissance. Le minuscule œuf unicellulaire va devenir un vrai bébé qui remue, digère, respire, et bien d'autres choses encore. C'est la magie du développement humain. Pour en savoir plus sur l'évolution de votre bébé in utero semaine par semaine, rendez-vous p. 384 pour télécharger notre bonus : vous pourrez y suivre les grandes étapes de son développement. Vous souhaitez surtout savoir à quel moment vous pourrez parler à votre bébé, lui faire écouter de la musique ou le sentir bouger ? Voici quelques points de repères utiles :

- À partir de 6 semaines de grossesse* environ (8 SA), **votre bébé commence à bouger** mais ses mouvements sont imperceptibles pour la future maman.
- Au début du 4e mois, **ses mouvements sont plus fréquents** : Bébé donne des coups, fait des galipettes dans le ventre de sa maman qui, la plupart du temps… ne sent rien ! Encore un peu de patience, elle va le sentir bouger dans les semaines qui viennent. Si vous mettez votre main sur son ventre, vous pourrez le sentir vous aussi (si vous avez un peu de chance).
- Vers la fin du 6e mois, **il pourra même réagir**, quand vous le ferez, en donnant un coup de pied. N'hésitez pas à le stimuler : c'est excellent pour son développement neurologique.
- À ce stade aussi, son ouïe devient plus fine, il perçoit les bruits extérieurs au corps de la maman. **Il commence à percevoir la voix de ses parents**, ce qui le fait réagir, alors n'hésitez pas à lui parler souvent. La voix masculine, plus grave, serait d'ailleurs mieux perçue.

Le bébé est sensible au milieu extérieur, son pouls s'accélère quand il entend un bruit. Il peut même bouger en rythme au son de la musique.

- En fin de grossesse, **il est normal qu'il bouge de moins en moins** car il a de moins en moins de place. Mais il ne se prive pas pour donner des coups de pied et de poing !

7. Quels sont les principaux examens médicaux pendant la grossesse ?

Dès que votre compagne pense être enceinte, elle prend rendez-vous avec son médecin généraliste ou son gynécologue pour confirmer la grossesse. **Cette première consultation est suivie par six autres visites prénatales obligatoires** qui peuvent être assurées dans un cabinet privé ou une maternité privée ou publique, par un médecin ou une sage-femme libérale ou hospitalière. Elles se déroulent tous les mois à partir du quatrième mois de grossesse. L'objectif des visites prénatales est d'assurer le suivi de la maman et du bébé, de prévenir d'éventuelles complications et de préparer la future maman à l'accouchement. Vous pouvez, si vous le souhaitez, y assister : elles vous permettront de recueillir un maximum d'informations pendant la grossesse, et de poser toutes vos questions. L'état de santé de la future maman fera l'objet de toutes les attentions du médecin. Ce bilan comprend un examen clinique général (pesée, prise de la tension artérielle), un examen gynécologique (pour vérifier la taille et la position du bébé), des analyses sanguines et urinaires. Les consultations sont bien sûr plus nombreuses si un risque particulier est dépisté : hypertension artérielle, diabète gestationnel, etc. En dehors des visites prénatales, sachez que votre compagne a tout intérêt à consulter si elle constate un ou plusieurs des symptômes suivants :

- Fièvre, état grippal (il peut s'agir d'une maladie bactérienne, la listériose).
- Vomissements importants (quand aucune alimentation n'est plus possible), entraînant un amaigrissement.
- Perte de sang, même la plus minime.
- Douleurs abdominales importantes de façon brusque ou répétée.
- Troubles urinaires (brûlures).
- Augmentation rapide du poids, avec gonflement des pieds et des mains.
- Maux de tête, étourdissements, troubles de la vue.
- Diminution des mouvements du fœtus et, à plus forte raison, immobilité pendant plusieurs heures.
- Perte des eaux (voir aussi p. 120).

Parfois, une hospitalisation peut être nécessaire au cours de la grossesse afin de réaliser une surveillance plus poussée, notamment en cas de menace d'accouchement prématuré, d'hypertension artérielle ou de saignements. Dans certains cas, cette surveillance peut se faire à domicile par une sage-femme libérale ou dépendant de la PMI, en liaison avec le médecin traitant.

À ces visites prénatales **s'ajoutent les échographies : trois sont prévues dans le cadre d'une grossesse « normale »**. Toutes permettent de suivre l'évolution de la croissance du bébé et de détecter certaines pathologies. Mais chacune comporte des éléments spécifiques.

- La première échographie, réalisée à la 12e semaine d'aménorrhée (10e semaine de grossesse), permet notamment de confirmer la date du terme et de détecter une éventuelle grossesse multiple. La mesure de la clarté nucale* est également essentielle pour le dépistage des anomalies chromosomiques, en particulier la trisomie 21.
- La deuxième échographie, réalisée à la 22e semaine d'aménorrhée, est aussi appelée échographie morphologique*. Elle permet d'étudier la morphologie du fœtus de façon détaillée, afin de détecter d'éventuelles malformations (importantes ou mineures).
- La troisième échographie, réalisée à la 32e semaine d'aménorrhée, permet de recueillir des données sur le futur accouchement (position du bébé notamment).

Des échographies supplémentaires peuvent être programmées si une anomalie a été détectée. Rappelons que ces examens sont inoffensifs pour le fœtus.

Paroles de papa

« J'étais frustré de ne pas pouvoir vivre la grossesse comme ma compagne. Lors du test de grossesse, je savais que j'allais être papa, j'étais vachement content mais je ne comprenais pas encore très bien la situation. La première échographie a tout changé : cela a été un vrai choc, j'ai ressenti une énorme fierté. À partir de ce moment-là, j'ai pu me projeter, m'imaginer avec mon enfant dans 15 ans... Pour le papa, je pense que c'est concret sur le long terme. Contrairement à la maman, qui vit sa grossesse dans l'instant, le papa n'a pas en tête l'image du nourrisson. C'est pour cela d'ailleurs qu'on panique un peu quand il arrive ! »

Tristan, papa d'Augustin

Dans certains cas, **une amniocentèse* peut être recommandée** : quand la mesure de la clarté nucale, associée au dosage sanguin du HT21, est considérée comme anormale, ou quand le dosage de HT21 laisse suspecter une anomalie chromosomique. Elle est également recommandée chez les femmes enceintes de plus de 38 ans (car le risque de trisomie augmente avec l'âge), en cas d'antécédent de grossesse avec un caryotype* anormal, en cas d'anomalie chromosomique parentale ou en cas de doutes (lors de l'échographie). Elle consiste à prélever dans l'utérus un peu de liquide amniotique. L'examen n'est pas sans risques car il peut provoquer une fausse couche (un risque sur 200).

Papa, faites vous aussi votre check-up !

La future maman n'est pas la seule à bénéficier de visites chez le médecin. Vous aussi, en tant que futur papa, avez droit à un check-up complet ! Ce rendez-vous est pris en charge par la Sécurité sociale, à condition de le réaliser avant la fin du quatrième mois de grossesse. L'occasion de faire un bilan complet de votre état de santé, de pratiquer des examens de laboratoire complémentaires si nécessaire (comme le test du VIH, par exemple)… et de poser toutes vos questions !

8. *Comment aider au mieux ma compagne pendant ces neuf mois ?*

Être présent au quotidien sans être trop « sur le dos » de la future maman, tel est le défi qui vous attend ! Sachez que la façon dont vous vous comportez avec votre compagne tout au long de sa grossesse influencera votre future vie de couple : si vous êtes présent et attentionné, votre couple en sortira renforcé. Sachez aussi que le fait qu'une femme enceinte soit heureuse et détendue pendant la grossesse favorise le développement harmonieux du futur bébé, tant sur le plan physique que psychologique. Lorsque les liens du couple se renforcent pendant la grossesse, la future maman est moins angoissée par l'accouchement, elle a moins de risque de souffrir de dépression postnatale (la fameuse dépression du post-partum* ou *baby blues**), elle a plus de facilité à allaiter son enfant et les liens qui se créent entre le bébé et ses parents sont particulièrement forts.
Rendez la vie facile à votre compagne, protégez-la, rassurez-la, soyez attentionné (sans être surprotecteur). Cela passe par des petits gestes quotidiens.

- **Accompagnez-la à chacune des visites prénatales**. En plus de suivre le développement de votre bébé, vous comprendrez mieux les bouleversements physiques et psychologiques qui s'opèrent en elle et vous pourrez mieux vous y adapter.

- **Accompagnez-la aussi aux échographies**, et n'hésitez pas à demander ou à faire des photos du bébé. Si une anomalie était détectée, il vaut mieux que vous soyez présent quand le médecin l'évoquera pour, si possible, dédramatiser et rassurer la future maman.
- **N'hésitez pas à « communiquer » avec votre bébé** afin de nouer, vous aussi, une vraie relation avec lui. Posez les mains sur le ventre de votre compagne pour sentir votre bébé bouger. Dès le septième mois de grossesse, vous pouvez aussi écouter le cœur de votre bébé en posant votre oreille sur son ventre. N'hésitez pas à lui parler, voire à lui chantonner une chanson : il entend le son de votre voix dès la fin du sixième mois.
- Un bon moyen de se retrouver est de **pratiquer ensemble une activité sportive** (douce bien sûr, comme la natation) ou de vous promener dans des lieux calmes, en forêt par exemple, à pied ou à vélo... Une façon de prendre soin de vous et de partager un moment d'intimité.
- **Changez votre mode de vie** et profitez de la grossesse pour arrêter de fumer, par exemple, ou au moins ne fumez pas en présence de la future maman. Sachez que le tabagisme passif est nocif pour le bébé (et pour sa mère). De plus, si la maman est fumeuse, cela l'aidera

à arrêter. Même chose pour l'alcool : la maman ne doit pas être tentée de vous accompagner, donc réduisez ou bannissez la consommation d'alcool en sa présence.

- **Proposez-lui de la masser.** Plus la grossesse avance, plus la maman ressent des douleurs dans le dos et les membres inférieurs. À partir du deuxième trimestre de grossesse, vous pouvez doucement, mais fermement et le plus régulièrement possible, lui masser le dos, les hanches, les pieds… Elle saura vous guider en vous indiquant les parties de son corps qui sont les plus tendues et quels massages lui sont les plus bénéfiques.
- **Faites les courses !** Une femme enceinte doit éviter de porter des charges lourdes, notamment en fin de grossesse.
- **Laissez-la se reposer** et faire la grasse matinée. Idéalement, vous devez vous lever le premier, essayer de faire quelques tâches ménagères et lui apporter (si elle apprécie) le petit déjeuner au lit. Si elle est nauséeuse au réveil, il est important qu'elle s'alimente un peu avant de poser le pied par terre.
- **Préparez la chambre de Bébé**. Choisissez ensemble la déco, mais chargez-vous des travaux (si vous êtes bricoleur). Ne laissez pas votre compagne monter sur un escabeau ! Accompagnez-la (même si les magasins ne

vous passionnent pas) pour choisir le matériel de puériculture et les vêtements de Bébé.

- **Participez au moins une fois ou deux aux cours de préparation à l'accouchement.** Votre compagne saura que vous êtes pleinement impliqué dans sa grossesse. Vous recueillerez toutes les réponses aux questions que vous vous posez, et vous aurez des précisions sur le rôle que vous devez tenir lors de l'accouchement. De plus, rencontrer d'autres futurs papas vous rassurera...
- **Favorisez le lien avec la maman de votre compagne.** Tout au long de la grossesse, celle-ci sera sûrement très présente, surtout si elle habite près de chez vous. Cette période de la vie resserre souvent les liens entre mère et fille : encouragez cette relation sans en concevoir la moindre jalousie car la future maman a souvent besoin de se savoir entourée.
- **Ne négligez pas votre vie sexuelle !** Voir aussi p. 73.
- **Parlez-lui !** N'oubliez pas que même si c'est votre compagne qui porte votre enfant, vous avez un rôle capital à jouer tout au long de sa grossesse, en sachant répondre à ses besoins. Essayez de comprendre les différents changements que subit son corps, et soyez à l'écoute de ses besoins. Sachez que durant la grossesse, plus encore que d'habitude, la femme a besoin de se sentir sécurisée. La communication au

sein du couple est donc particulièrement importante. Même si vous êtes d'un naturel pudique ou réservé, n'hésitez pas à partager vos émotions avec votre compagne. Sinon, elle aura l'impression d'assumer seule sa grossesse. Si, à l'inverse, vous exprimez ce que vous ressentez, elle se confiera plus facilement et se sentira soulagée. Restez à son écoute et encouragez-la pour qu'elle exprime librement ses envies ou ses angoisses. Bon courage !

Elle est différente de d'habitude, c'est normal ?

Elle a des envies « bizarres ». Elle qui n'aimait pas la charcuterie ou la viande se lève en pleine nuit pour manger du saucisson ou se faire cuire un steak. Rien d'étonnant à cela : ce sont ses hormones qui lui jouent des tours. Respectez ses envies, mais n'hésitez pas à la rappeler gentiment à l'ordre si elle se gave de biscuits au chocolat toute la journée : ce n'est bon ni pour elle ni pour votre bébé.

Elle est à fleur de peau. Elle passe du rire aux larmes en quelques secondes et la moindre remarque de votre part la fait pleurer ? C'est tout à fait normal et c'est encore une fois la faute aux hormones. La solution : ménagez-la, faites-lui des compliments pour la rassurer, écoutez-la...

Elle s'emporte pour un rien, notamment quand vous ne rebouchez pas le tube de dentifrice ou quand vous ne la prévenez pas que vous aurez du retard le soir. Rassurez-vous : c'est passager. Son énervement est souvent lié à la fatigue, et aux multiples changements physiques et psychologiques auxquels elle doit faire face. La seule solution est de prendre encore plus soin d'elle, et de faire quelques efforts (en rebouchant le tube de dentifrice ou en la prévenant quand vous êtes en retard !).

Paroles de papa

« J'ai vécu les grossesses de mon épouse de manière assez sereine. J'avais l'impression d'être un peu sa ceinture de sécurité : je me mettais devant elle pour la protéger, sans pour autant être stressé ou inquiet. Toute la grossesse a été une phase très agréable : je me suis habitué petit à petit à l'idée d'être papa. Il y a eu quelques temps forts : outre l'annonce de la grossesse, j'ai un souvenir très intense de la première échographie, quand j'ai entendu pour la première fois les battements du cœur de ma petite fille… Heureusement que j'étais adossé à un mur ! Il y a eu aussi, bien sûr, quelques moments d'angoisse, mais très ponctuels, notamment avant l'annonce de certains résultats médicaux. Mais, de manière plus générale, j'ai vécu cette phase avec optimisme, sûrement aussi parce que, dans la vie, je le suis de nature. »

David, papa de Manon et Charlotte

« Pendant la grossesse, j'étais à fond. Tous les soirs, je massais son ventre pour éviter les vergetures, la nuit, je lui massais les jambes… C'est essentiel pour le bien-être de la maman qui, ainsi, peut se détendre et dormir, mais aussi pour celui du bébé. »

Tristan, papa d'Augustin

9. Comment (et quand) l'annoncer autour de moi ?

Ça y est vous venez de l'apprendre : vous allez être papa. Que votre compagne vous ait annoncé la nouvelle par téléphone, qu'elle ait caché sous votre oreiller son test de grossesse positif ou une paire de petits chaussons, ou encore qu'elle vous l'ait annoncé solennellement en vous demandant de vous asseoir en rentrant du bureau, vous êtes maintenant au courant, et vous n'avez qu'une envie : l'annoncer à la terre entière ! Mais soyez

un peu patient : il est en effet **préférable d'attendre le résultat de la première échographie et, mieux, la fin du troisième mois de grossesse** pour le dire à votre entourage. En effet, le risque de fausse couche spontanée est plus important pendant les premières semaines.
De la même façon, **si vous avez des aînés, surtout en bas âge**, rien ne sert d'en parler trop tôt. Évoquez la venue de Bébé quand le ventre de la maman s'arrondira, vers trois ou quatre mois de grossesse. Leur rêve de devenir grand frère ou grande sœur s'évanouirait en cas de fausse couche, ce qui ne serait pas simple à expliquer avec des mots à leur portée.
Pour l'annonce aux très proches (parents et beaux-parents), cette nouvelle sera pour eux le premier souvenir lié à la grossesse de la future maman. Il vaut donc bien mieux leur annoncer votre futur statut d'heureux parents (et leur futur statut de grands-parents) lors d'une réunion de famille, un déjeuner par exemple, que par téléphone, sauf s'ils habitent loin bien sûr. La photographie de la première échographie sera une très belle preuve de l'annonce officielle faite à la famille.
Et à vos amis ? Votre épouse ou votre compagne ne manque sûrement pas d'idées originales pour annoncer sa grossesse à ses amies, soit par le jeu des devinettes lors d'une soirée entre copines (au cours de laquelle elle prendra soin de ne

pas boire d'alcool ni de fumer, ce qui surprendra si elle est fumeuse, ou si elle a l'habitude de boire quelques verres) soit en s'habillant de façon inhabituelle (tenue ample ou, au contraire, tenue très moulante avec une ceinture ou, mieux, un bandeau de grossesse). De votre côté, vous pouvez privilégier l'annonce personnalisée en allant boire un verre avec un ou plusieurs de vos meilleurs amis. Lancez-leur l'information au cours de la conversation en leur affirmant que vous êtes le plus heureux des futurs papas… Émotions garanties.

N'oubliez pas de prévenir **vos autres amis et copains** (en particulier ceux qui habitent loin) par téléphone. Sans oublier personne : le fait d'apprendre *a posteriori* que vous êtes devenu papa pourrait en vexer plus d'un. Enfin, faute de temps pour appeler tout le monde, vous pouvez aussi miser sur un mail, histoire de prévenir vos copains moins proches, mais que vous avez tout de même envie d'informer de votre nouveau statut de futur papa. C'est aussi un bon moyen de prévenir vos collègues de bureau. En parlant de travail, **inutile de vous précipiter pour l'annoncer à votre boss tout de suite**. Il n'existe aucune obligation légale en la matière, mais si vous avez prévu d'accompagner votre compagne à ses visites prénatales et aux différentes échographies, mieux vaut lui en parler rapidement pour qu'il comprenne mieux la raison de vos absences régulières. Profitez-en aussi pour lui dire que vous souhaitez prendre votre congé paternité*, si tel est le cas, et à quel moment vous souhaiteriez le poser (si vous le savez déjà). Cela vous permettra de prendre ensemble un peu d'avance sur l'organisation de l'entreprise pendant cette période.

Enfin, de plus en plus de futures mamans (mais les papas s'y mettent aussi) dévoilent leur maternité ou paternité en utilisant les réseaux sociaux et en n'hésitant pas à poster sur Facebook l'échographie de leur bébé, façon de plus en plus fréquente – même si elle manque d'intimité – de partager la nouvelle avec un maximum d'amis et de connaissances.

10. Connaître le sexe de notre bébé… ou pas ?

Le sexe du bébé est déterminé dès la fécondation*. On peut aujourd'hui le connaître lors d'une échographie (généralement la deuxième, mais parfois dès la première), si la position du bébé le permet. Lors de l'échographie, l'obstétricien vous posera donc la question : voulez-vous connaître le sexe de votre enfant ? Ou plutôt voulez-vous ne pas le connaître ? Il vaut donc **mieux vous mettre d'accord avec votre compagne avant l'examen**, pour éviter toute maladresse. Si elle veut savoir

et pas vous, ou l'inverse, il suffit d'en informer le médecin. Ensuite, bon courage à celui qui sait et doit garder le secret jusqu'au jour J !
En général, **les parents ont du mal à résister à la curiosité** : en moyenne, 80 % des futurs parents demandent à savoir, plus souvent encore lorsqu'il s'agit d'un premier enfant. Pour le second, ils préfèrent avoir la surprise. Ce choix est motivé, surtout pour les futurs papas, par le fait de rendre la grossesse plus concrète. Autres motifs souvent invoqués : pouvoir préparer la chambre au mieux selon le sexe de l'enfant ou en parler avec l'aîné, s'il s'agit d'un deuxième enfant. Notez aussi que l'erreur est toujours possible (même si elle est rare).
Déçu par le verdict ? Vous rêviez d'avoir une petite fille, et c'est un petit gars ? Rassurez-vous : c'est naturel, et passager. Un bébé se fantasme avant de devenir réel. Vous l'imaginez comme ci ou comme ça, mais dans la réalité, il sera forcément différent. **Selon certains psychologues, il serait même préférable de ne pas connaître le sexe de l'enfant avant la naissance.** En effet, plus on se fait une idée précise de l'enfant à naître, plus l'adaptation sera difficile, plus la confrontation avec l'enfant « réel » sera compliquée (car il n'est jamais vraiment comme on l'attendait !). Avoir la surprise à la naissance semble donc préférable, même si on désirait le sexe opposé à celui du bébé qui vient de naître. Pendant la grossesse,

cette « mauvaise » nouvelle peut en effet générer des sentiments négatifs. Alors que, à la naissance, vous êtes mis devant le fait accompli et vous devez prendre soin de ce bébé, qu'il soit fille ou garçon. Retenez surtout que le jour où vous serrerez votre bébé dans vos bras pour la première fois, peu importe que ce soit un garçon ou une fille, en un clin d'œil vous serez devenu le plus heureux des papas.

Paroles de papa

« Ma femme ne voulait pas connaître le sexe de notre enfant avant la naissance. J'ai donc dû faire avec, même si j'étais frustré. Je savais que je n'aurais pas pu garder le secret : j'étais tellement fier de devenir papa que si je l'avais su, je l'aurais crié sur les toits. Il ne fallait prendre aucun risque. Ce qui est sûr, c'est que le fait de ne pas connaître le sexe nous a permis de ne pas acheter trop de vêtements, car il est vraiment difficile de trouver des vêtements neutres. »

Julien, papa de Constance

11. Dois-je participer aux séances de préparation à l'accouchement ?

Un homme averti en vaut deux ! Si toutes les futures mamans bénéficient, pendant leur grossesse, de neuf séances de préparation à l'accouchement (remboursées par la Sécurité sociale), les futurs papas ne sont pas oubliés. **Ils peuvent aussi participer à ces séances.** Bien sûr, certaines formules sont plus adaptées que d'autres. Les messieurs ne trouveront pas forcément leur place dans les cours de yoga ou de sophrologie, suivis en majorité par les femmes, mais ils apprécieront sûrement davantage les cours d'haptonomie* (voir ci-après), qui leur permettent de sentir les mouvements du bébé et d'instaurer la communication par le toucher et par la voix. Ils pourront aussi assister aux séances « classiques » de préparation proposées par la maternité. Quel que soit le mode de préparation à l'accouchement que votre compagne (et vous) a choisi, sachez que les séances vont être une mine d'informations. Elles visent à répondre à toutes les questions que vous vous posez sur le déroulement de la grossesse, le jour de l'accouchement, les premiers jours avec votre bébé… Même si vous décidez de n'assister qu'à une seule ou à deux de ces séances, c'est un plus pour la future maman qui se sentira épaulée et rassurée.

L'haptonomie, qu'est-ce que c'est ?*

C'est la seule préparation à la naissance qui se pratique en couple (la maman ne peut pas y aller seule). Le principe : communiquer avec son bébé en touchant le ventre de la maman. Au fil des séances, vous allez le sentir remuer et même, avec un peu de chance, vous allez pouvoir le faire bouger, en posant simplement votre main à tel ou tel endroit sur le ventre de votre compagne. L'haptonomie est aussi une méthode de préparation concrète à l'accouchement et à l'accueil de Bébé : vous allez apprendre des techniques pour soulager la douleur, pour porter ou calmer un nouveau-né, etc. Autre atout : ce sont des séances individuelles. Vous êtes tous les deux, avec l'haptonothérapeute (qui peut être une sage-femme, une psy…) et vous pouvez donc poser toutes les questions que vous voulez, sans gêne.

Si cette méthode vous intéresse, et si vous êtes à la recherche d'un praticien, renseignez-vous sur haptonomie.org. Sachez que ces séances sont remboursées par la Sécurité sociale quand elles sont pratiquées par un professionnel de santé.

Si vous êtes réticent à assister à des cours de préparation « classiques », sachez que **de plus en plus de maternités organisent des cours de préparation à l'accouchement Spécial Papa** (renseignez-vous auprès de la maternité dans laquelle votre femme s'est inscrite). Ces formations sont la plupart du temps proposées par des sages-femmes. Elles permettent d'aborder un large éventail de sujets : les modifications physiques et psychologiques de la future maman, qui impliquent un changement des habitudes de vie et des relations de couple, le déroulé type d'un accouchement, les différents motifs de césarienne*, la préparation du projet de naissance et de l'arrivée du bébé… Un temps de parole est enfin prévu afin de répondre aux questions. Vous y apprendrez une foule de choses concernant votre rôle pendant la grossesse (rassurer surtout et être présent, anticiper, préparer la chambre du bébé, s'organiser pour le jour J ou en cas d'imprévu, utiliser des techniques de massage), pendant l'accouchement (soutenir la maman, l'aider à bien respirer, pratiquer un massage en salle de naissance, couper le cordon ombilical, assister aux premiers soins de bébé, faire du peau-à-peau…). Votre place et votre rôle après la naissance (change, soins du cordon, toilette, biberon…) seront également abordés. Vous pourrez également confier vos ressentis à la sage-femme et à tous les autres futurs papas.

Ne vous inquiétez pas : si, par pudeur, vous n'êtes pas du genre à vous exprimer, d'autres papas le feront, et vous serez rassuré de savoir que vous n'êtes pas le seul à vous poser des questions aussi variées que les changements dans la relation avec votre compagne pendant la grossesse ou encore votre stress (bien légitime) de l'accouchement. Vous n'êtes pas non plus le seul à éprouver des sentiments parfois contradictoires comme l'impuissance, la culpabilité ou l'euphorie. Vous verrez aussi que vous n'êtes pas le seul à ressentir des craintes par rapport à l'épisiotomie*, à la vue du sang pendant l'accouchement, à la nouvelle relation à trois, aux soins à apporter à un nouveau-né, à l'allaitement maternel…

Maternité : ne manquez pas la visite guidée !

La plupart des maternités proposent aujourd'hui des visites guidées de l'établissement aux futurs parents. Avec votre compagne, vous pourrez ainsi découvrir le bloc obstétrical (avec les salles d'examen, de prétravail, de travail et la salle de soins nouveau-nés), la maternité proprement dite (chambre standard) et éventuellement, si l'hôpital en est pourvu, le service de pédiatrie (service de néonatalogie). L'objectif : effectuer le circuit type d'une patiente qui va accoucher, et vous familiariser avec les locaux afin que vous ne soyez pas perdu le jour J.

12. Je suis heureux et en même temps angoissé, c'est normal ?

L'annonce de la paternité est à l'origine de sentiments particulièrement intenses. Vous allez vous sentir heureux, fier, comblé, mais en même temps, ce bonheur fait place à l'incertitude, voire à l'angoisse, lorsque vous réalisez qu'un petit être, qui est une partie de vous-même, se prépare à voir le jour.
L'idée que vous vous faites de la paternité dépend en grande partie de votre passé et de votre présent : si votre relation avec la future maman est fondée sur l'amour, si la grossesse est désirée et planifiée, si vous avez vécu une enfance heureuse, si vous avez l'habitude des jeunes enfants ou des bébés, si votre mode de vie ou vos revenus vous permettent d'assumer l'arrivée d'un enfant, il y a de grandes chances pour que vous soyez ravi d'être papa, *a fortiori* si vous avez eu du mal à concevoir cet enfant. Mais il est tout à fait normal que vous ressentiez aussi une certaine

inquiétude. La paternité est l'une des étapes les plus importantes de la vie d'un homme, et quelles que soient les circonstances de cette grossesse, votre situation et votre vie ne seront plus jamais comme avant. Il est donc légitime d'éprouver des sentiments aussi variés que le bonheur, la fierté et, en même temps, une certaine appréhension de l'avenir. Faites face à ces sentiments contradictoires en les extériorisant et notamment n'hésitez pas à exprimer votre peur, surtout si vous devenez père pour la première fois. Au fur et à mesure de la grossesse, ces sentiments, comme ceux de la future maman, vont évoluer. Ne vous laissez pas submerger par des émotions parfois contradictoires, mais exprimez-les en en discutant avec votre compagne ou avec des personnes très proches afin d'y voir plus clair.

Si la grossesse n'était pas désirée, il est tout à fait normal que vous ayez du mal à accepter la nouvelle. Vous devez vous sentir coupable de n'avoir pas su l'éviter ou vous sentir en colère, ou encore frustré, en pensant que les événements échappent à votre volonté, surtout si vous pensez que la future maman n'est pas la femme de votre vie. Ne vous laissez pas envahir par des sentiments tels que le désespoir, la colère ou l'angoisse, et donnez-vous du temps pour digérer cette nouvelle. Sachez que, si la maman a choisi de garder votre enfant, vous pourrez malgré tout tisser des liens forts et sincères avec votre futur bébé à condition – et même s'il n'y a pas de relation d'amour entre vous et la future mère – que vous preniez au sérieux votre rôle de futur papa et que vous vous impliquiez tout au long de la grossesse. Si vous lisez ce livre, c'est déjà le signe que vous êtes sur la bonne voie…

Que faire si je me sens « exclu » de la grossesse ?

Très souvent, il arrive qu'à un moment ou à un autre de la grossesse, voire dès le début, le futur papa se sente exclu ou même jaloux du bébé à naître. Il se sent évincé, a le sentiment d'être relégué au second plan et le vit mal. Au lieu de vous mettre à l'écart, si tel est le cas, expliquez à votre compagne ce que vous ressentez, sans la brusquer (car elle est émotionnellement fragile). Si la situation vous semble insurmontable, confiez-vous à un ami, ou prenez rendez-vous avec votre médecin traitant, voire un psychologue. Assistez aux séances de préparation à l'accouchement, qui vous permettront de rencontrer d'autres futurs papas qui auront sûrement les mêmes préoccupations que vous. Et souvenez-vous que la meilleure façon de ne pas vous sentir exclu est de vous impliquer pleinement dans votre rôle de futur papa et d'accompagner activement votre compagne tout au long de la grossesse : vous êtes deux à attendre ce bébé.

13. Ai-je mon mot à dire sur le mode d'allaitement ?

Futur papa, vous avez voix au chapitre pour choisir la déco de la chambre de votre futur rejeton, ses vêtements, le mode de garde, etc. Mais il existe **un sujet qui ne concerne que la future maman, dont le choix est très personnel, c'est l'allaitement.** Seule exception : dans le cas d'un accouchement prématuré, les médecins conseilleront vivement à la future maman d'allaiter ou de tirer son lait pour nourrir Bébé. Dans les autres cas, c'est à elle de décider. Si elle est hésitante ou si vous voulez en discuter ensemble, vous pouvez bien sûr le faire. Dans ce cas, renseignez-vous tous les deux de manière objective sur les avantages et les inconvénients de chaque méthode (voir le détail p. 177).

Paroles de papa

« Au départ, j'étais contre l'allaitement que je voyais comme un retour au stade animal, une sorte de pratique un peu dégoûtante. Puis, après de nombreuses discussions avec ma femme, j'ai réalisé que ce choix revenait à la maman et à personne d'autre. Donc plus de souci pour moi. »

Thomas, papa de Louison et Sacha

L'allaitement maternel est plus naturel, plus pratique et permet au bébé d'être mieux armé sur le plan immunitaire. Le lait maternel est plus digeste que le lait artificiel. Il est d'excellente qualité, gratuit et toujours à la bonne température. Vous aussi, jeune papa, serez surpris de constater que la tétée est un intense moment de plaisir et d'échange avec votre enfant. Si votre compagne hésite, mais qu'elle n'est pas réfractaire au fait d'allaiter, **suggérez-lui d'essayer l'allaitement maternel afin de ne pas avoir de regrets par la suite.** Car si elle choisit l'option du lait artificiel, il lui sera très difficile de faire marche arrière et de faire accepter le sein à un bébé déjà habitué au biberon. Si elle hésite pour certaines raisons (ses seins sont trop petits, ses mamelons pointent difficilement…), encouragez-la en lui disant qu'aucun de ces cas n'est rédhibitoire (il y a toujours des solutions, comme les bouts de sein en silicone). Si elle a peur que l'allaitement maternel la fatigue trop, rassurez-la en lui disant que vous serez à ses côtés pour la décharger de certaines tâches dans la journée, qu'elle pourra aussi tirer son lait afin que vous donniez le biberon à votre bébé de temps en temps, notamment la nuit… Notez aussi que Bébé s'habituera vite à la consistance de la tétine, ce qui sera particulièrement utile au moment du sevrage.

Certaines mamans n'ont pas envie d'allaiter et se sentent coupables à cette idée. Elles ont peur de ne pas apporter le meilleur lait à leur bébé et craignent même parfois d'être mal jugées par leur entourage proche. Si tel est le cas et même si vous avez votre propre avis sur la question, **respectez la décision de votre compagne en la rassurant** et en lui expliquant que le lait artificiel qui vous sera conseillé par votre pédiatre est tout à fait adapté au bébé. L'avantage du biberon est que l'on sait précisément quelle quantité de lait Bébé a bue, et que le papa peut également nourrir l'enfant. De toute façon, il est impossible de demander à une maman qui n'a pas envie d'allaiter de le faire : **la sécrétion du lait maternel est influencée par des facteurs psychologiques et si la maman n'est pas dans les meilleures conditions, l'allaitement se passera mal.** Ce qui n'est pas conseillé pour la bonne croissance du bébé, pour le bien-être psychologique de la maman et pour la construction du lien maman-enfant.

Le meilleur mode d'allaitement est celui que la maman choisit !

14. Peut-on faire l'amour pendant la grossesse ?

La réponse est oui, bien sûr ! Certes, les changements physiques de la future maman et le statut de futurs parents peuvent entraîner une certaine anxiété, mais la sexualité pourra vous rapprocher. Ce sont des moments de complicité privilégiés dont il faut profiter avant l'arrivée de Bébé, en plus de la détente que cela procure. Au fil des semaines, il faudra toutefois vous adapter à la libido fluctuante de votre compagne (et peut-être aussi à la vôtre) et à la transformation de son corps.

Au premier trimestre de grossesse, les nausées et la fatigue que ressent votre femme ne l'incitent pas au désir. Elle n'a qu'une idée en tête : dormir. La crainte d'une fausse couche peut aussi amoindrir le désir, même si elle n'est pas justifiée (à ce stade, la fausse couche est, la plupart du temps, liée à une anomalie chromosomique de l'embryon). De plus, l'excitation, qui entraîne une congestion des vaisseaux mammaires, associée à une augmentation du volume des seins, peut créer des tensions de la poitrine désagréables et

parfois douloureuses. Ce désagrément disparaît heureusement au 2e trimestre.
Mais une fois cette période passée, **le deuxième trimestre s'avère plus propice aux câlins.** Le désir revient et vous pourrez même avoir une vie sexuelle plus épanouie qu'avant la grossesse. En effet, votre compagne est plus détendue et son corps est plus réceptif grâce aux hormones : elle est plus sensible sur le plan émotionnel et elle recherche une relation remplie de tendresse et d'amour. Certaines femmes voient leur libido s'intensifier au cours du deuxième trimestre et connaissent un plaisir plus intense et plus prolongé (car le tissu vaginal reste gonflé plus longtemps après l'orgasme). Il arrive parfois qu'elles soient insatisfaites après un rapport sexuel et qu'elles aient recours à la masturbation. N'y voyez pas le signe d'une défaillance de votre part : c'est tout à fait normal.

À noter :

- Certaines femmes se montrent au contraire très distantes par rapport à leur compagnon tout au long de leur grossesse. La libido des hommes est elle aussi très fluctuante. Certains gardent un désir très vif pendant toute la grossesse, d'autres prennent momentanément leurs distances car ils ne supportent pas l'idée d'approcher une femme en train de devenir maman, peut-être par peur inconsciente de blesser leur futur bébé.

- Dans tous les cas, le dialogue, l'écoute et la compréhension sont indispensables. Si le désir n'est pas au rendez-vous pour l'un ou l'autre, ne vous privez pas pour autant de câlins, massages et caresses qui pourront se terminer par des caresses sexuelles pour celui qui en a envie. Si l'un des deux craint de blesser le bébé, ou de le réveiller, sachez que ces peurs sont infondées : le fœtus est bien à l'abri dans le sac amniotique et est séparé de la cavité vaginale. Il n'y a donc aucun risque de gêne ou de blessure.

Le troisième trimestre est souvent moins confortable sur le plan sexuel en raison du volume de l'abdomen. Mais sachez que les rapports sont toujours possibles. Il faudra simplement trouver des positions différentes, plus confortables pour elle et son gros ventre : votre compagne peut se mettre à califourchon sur vous ou bien à quatre pattes, vous pouvez faire l'amour allongés sur le côté ou bien assis… La découverte de ces nouvelles positions peut être une source de plaisir supplémentaire ! Une sexualité heureuse et épanouie pendant la grossesse permettra des retrouvailles plus faciles après la naissance car il n'y aura pas eu de rupture dans la vie sexuelle.

À noter :

- Au cours de la grossesse, vous allez vous poser la question d'assister ou non à l'accouchement (voir aussi p. 130). Certains hommes sont réticents car ils ont peur de ne plus pouvoir ensuite érotiser le corps de leur compagne. Dans ce cas, il est préférable d'expliquer clairement à votre femme les raisons de votre choix.
- Les rapports sexuels peuvent aussi être un bon moyen pour déclencher l'accouchement en cas de dépassement du terme. Le sperme contient en effet des prostaglandines, substances qui pourraient favoriser l'ouverture du col de l'utérus et le déclenchement des contractions.

Quelles que soient les questions que vous vous posez, n'hésitez pas à interroger l'obstétricien qui suit la grossesse de votre compagne. Même si aucune étude ne l'a prouvé, le fait que la femme enceinte fasse l'amour pourrait être bénéfique pour le fœtus : après un rapport, la maman est heureuse, détendue, ce qui ne peut qu'être bénéfique pour le bébé.

Faire l'amour pendant la grossesse : quelles contre-indications ?

Dans certains cas particuliers, l'obstétricien peut vous conseiller d'arrêter les rapports pendant un certain temps :

• Au premier trimestre, si votre compagne a déjà fait une ou plusieurs fausses couches. Sécurité avant tout, même si le risque est minime.

• En cas de menace d'accouchement prématuré sévère, avec des contractions utérines* importantes et des modifications du col.

• En cas de placenta prævia (quand le placenta recouvre le col de l'utérus).

• Quand la poche des eaux est fissurée. À ce stade, de toute façon, il faut se rendre à la maternité.

Notez que, même si les rapports en tant que tels (avec pénétration) sont à éviter, les caresses et les câlins sont toujours possibles.

15. *Moi aussi, j'ai des nausées et je prends du poids : c'est normal ?*

Certains pères vivent la grossesse de leur compagne en même temps qu'elle, à tel point qu'ils en ressentent les symptômes : maux de tête, insomnies, nausées, envies soudaines, cauchemars, fatigue… et même prise de poids (parfois même jusqu'à 10 ou 15 kg), voire apparition d'un petit ventre de femme enceinte ou encore sensation de contractions pendant l'accouchement et dépression postnatale (le fameux *baby blues** au masculin, voir aussi p. 260) ! Ce phénomène porte un nom : c'est la couvade*, également connue sous le terme de grossesse nerveuse. « Jusqu'à 80 % des futurs pères présenteraient certains symptômes de façon plus ou moins prononcée, mais souvent les hommes ne feraient même pas le lien avec la grossesse ! », écrit une sage-femme[1]. En réalité, une minorité d'hommes est concernée par la vraie « couvade »…

La couvade est avant tout le signe que la grossesse n'est pas seulement un bouleversement pour la future maman, elle l'est tout autant, sur le plan psychique surtout, pour le futur papa. Et cela n'est

1. « Les hommes racontent leur passage en salle d'accouchement : entretiens avec 22 primipères à la Maternité régionale universitaire de Nancy », mémoire présenté et soutenu par Kathelyne Meyer, école de sages-femmes Albert Fruhinsholz, Université de Lorraine, promotion 2013.

pas toujours bien accepté dans notre société... Pour certains experts, la couvade répond à **un désir inconscient du papa de participer pleinement à la grossesse en étant lui aussi enceint, mais aussi de nouer un lien fort avec son bébé**. Pour d'autres, c'est **une preuve évidente d'implication** (le futur papa se sent tellement en empathie avec sa compagne qu'il en vient à ressentir tout ce qu'elle éprouve) ou, à l'inverse, une façon de montrer qu'il se sent mis à l'écart. D'autres encore avancent que ce n'est qu'un **signe de jalousie** : en montrant que lui aussi souffre, il espère être davantage chouchouté.

Quelles que soient les raisons de la couvade, rassurez-vous : elle n'est absolument pas grave, et il est à parier que ces symptômes disparaîtront dès la naissance du bébé. Reste qu'il est important de bien les gérer pendant la grossesse afin de continuer à vivre de la manière la plus sereine possible les mois qui restent jusqu'à la naissance. La seule solution dans ce cas, continuer à s'impliquer le plus possible dans la grossesse en assistant aux séances de préparation et aux examens, en suivant l'évolution du fœtus, en communiquant avec lui... Si cela vous arrive, n'hésitez pas à en parler à votre compagne, surtout si cette couvade est visiblement liée au fait que vous vous sentez mis à l'écart. Vous pouvez aussi en discuter avec un jeune papa qui a ressenti les mêmes choses que vous. Voire avec votre médecin traitant ou un psychologue si vous en ressentez le besoin.

La couvade, aussi un phénomène hormonal

Des chercheurs[1] ont montré que, pendant la grossesse, les femmes ne sont pas les seules à subir des modifications hormonales. Les hommes aussi sont concernés. Le futur papa sécrète alors moins de testostérone, l'hormone typiquement masculine, et davantage de prolactine, une hormone qui joue un rôle important dans… la lactation. D'où ces symptômes typiques de la grossesse. Cette modification hormonale pourrait être liée à plusieurs facteurs : le choc émotionnel lié à l'annonce de la future paternité, la modification de la relation amoureuse, ou physique, avec la future maman, voire la modification de la libido.

1. Edelstein R.S. et *al.*, *Prenatal hormones in first-time expectant parents: longitudinal changes and within-couple correlations*, *American Journal of Human Biology*, 2015.

Paroles de papa

« Ma hantise, pendant la grossesse, était de prendre du poids. Du coup, j'ai redoublé d'efforts en courant encore un peu plus que d'habitude. Mais j'ai quand même pris un ou deux kilos... »

Julien, papa de Constance

Chapitre 2

LE PENSE-BÊTE DU FUTUR PAPA

16. Quelles sont les formalités administratives à effectuer pendant la grossesse ?

En règle générale, c'est la future maman qui se charge des principales formalités à effectuer pendant la grossesse. Mais vous pouvez bien sûr participer, et vérifier avec elle que vous n'avez rien oublié. Voici un petit récapitulatif chronologique pour vous y aider.

- **L'inscription à la maternité** de votre choix se fait au plus tôt lors de la grossesse. Voir aussi p. 39.
- **La déclaration de grossesse** doit être envoyée à la Caisse d'Assurance maladie et à la Caisse d'Allocations familiales dans les trois premiers mois. Ce papier est fourni à la future maman par le gynécologue, lors de la première visite

prénatale. Il permet l'ouverture de la prise en charge des soins liés à la grossesse et des droits aux prestations familiales.

- Sachez également que si votre femme est salariée, elle dispose de certains avantages liés à sa grossesse (mais pour cela, elle doit avoir **déclaré sa grossesse à son employeur**) : aménagement de ses horaires de travail, autorisations d'absence pour se rendre aux rendez-vous médicaux, voire aménagement de poste ou reclassement si elle travaille de nuit ou si elle est exposée à certains risques.
- Si vous le souhaitez, vous pouvez aussi effectuer une déclaration de **reconnaissance anticipée*** à tout moment de la grossesse (voir question suivante).

17. À quoi sert la reconnaissance anticipée ?*

Si vous êtes marié avec la maman de votre bébé, la reconnaissance du bébé se fait automatiquement. Vous n'avez pas de démarche spécifique à effectuer, que ce soit avant ou après la naissance (mais attention, cela ne remplace pas la déclaration de naissance, à faire dans les trois jours après la naissance de votre bébé).

En revanche, si vous ne l'êtes pas (ou si vous êtes pacsé), cette reconnaissance ne se fait pas automatiquement. Le mieux est donc d'effectuer une démarche de reconnaissance anticipée*. Elle sert à **attester que vous êtes bien le père de l'enfant à naître**. Dans le cas où il vous arriverait malheur (on ne vous le souhaite pas, bien sûr !) avant l'accouchement, votre enfant aurait quand même un père légalement reconnu.

En pratique, la reconnaissance anticipée*, comme son nom l'indique, se fait avant la naissance de l'enfant. Elle peut être faite dans la mairie de votre choix. Il suffit d'apporter une simple pièce d'identité, et le document est fait immédiatement. Conservez-le précieusement : vous devrez le présenter lors de la déclaration de naissance de votre enfant, que celle-ci soit faite à la maternité ou en mairie.

À noter :

La reconnaissance de votre bébé n'est absolument pas obligatoire avant la naissance. Vous pouvez aussi la faire au moment de la déclaration de naissance (dans les trois jours qui suivent la naissance).

18. Comment préparer au mieux sa future chambre ?

Avant la naissance, il est important de penser, d'organiser et d'équiper la chambre dans laquelle votre bébé va dormir (même si, les premiers mois, vous avez l'intention de le faire dormir dans la vôtre, à vos côtés) et passer une grande partie de son temps, quand il sera un peu plus grand. Cette pièce doit avant tout être saine et sécurisée. Que ce soit dans le choix des matériaux de rénovation ou dans le choix du mobilier, ces deux exigences doivent passer en priorité.

L'air intérieur, plus pollué que l'air extérieur !

On l'ignore souvent, mais l'air que nous respirons à l'intérieur de nos maisons est plus pollué que l'air extérieur. En effet, plusieurs sources de pollution s'additionnent : les COV (composés organiques volatils) émis par les meubles en contreplaqué, les colles des moquettes ou les solvants des peintures, les particules toxiques rejetées par certains nettoyants ménagers, sans oublier les acariens, la fumée de tabac... Cette pollution ne se voit pas et ne se sent pas. Mais ses conséquences ne doivent pas être prises à la légère, surtout chez les tout-petits qui y sont très sensibles. Cette pollution intérieure peut être à l'origine de soucis cutanés, ORL, respiratoires, voire neurologiques quand

Bébé est très exposé. D'où l'importance de bien choisir vos matériaux de rénovation, mais aussi vos meubles, pour aménager sa chambre.

Vous avez décidé de rénover totalement la pièce qui deviendra la chambre de Bébé. Voici quelques conseils pratiques pour vous aider à choisir vos matériaux.

- **Côté peintures : bannissez absolument les peintures glycérophtaliques,** qui contiennent des solvants chimiques et des métaux lourds susceptibles de polluer l'air ambiant. Sachez que les peintures acryliques ou à l'eau, même si elles ne sont pas inoffensives, ont l'avantage de contenir moins de composés chimiques. Le mieux est de privilégier les peintures dites « naturelles ». Mais attention à bien vérifier leur composition sur l'étiquette. Certains fabricants n'hésitent pas, en effet, à surfer sur la tendance pour qualifier de naturelles des peintures qui n'en sont pas. Et sachez que les normes comme NF Environnement ou l'Écolabel européen garantissent l'absence de métaux lourds et des taux de COV réduits (mais pas une absence totale). Les vraies peintures naturelles ne sont fabriquées qu'avec des pigments minéraux ou végétaux (terre de Sienne, oxyde de fer…), des solvants à base d'agrumes et des liants naturels (huiles végétales, résine naturelle, cire, caséine...). Problème : ces peintures sont souvent plus coûteuses et plus difficiles à trouver !

Attention aux odeurs de peinture

Quelle que soit la peinture choisie, faites les travaux le plus tôt possible, et veillez à aérer la chambre de votre bébé tous les jours pour éviter l'accumulation de particules polluantes. Même si la future maman a envie de participer aux travaux, soyez vigilant et ne la laissez pas respirer les odeurs de peinture (surtout si celle-ci n'est pas 100 % naturelle) ni se fatiguer inutilement, surtout si sa grossesse est déjà avancée.

- Pour les papiers peints, préférez ceux **en fibres naturelles, fabriqués sans solvants et sans chlore** : scrutez les étiquettes et n'hésitez pas à demander conseil aux vendeurs des magasins de bricolage car il n'existe pas de label ! Attention aussi à la colle que vous utilisez. Préférez les colles naturelles non toxiques d'origine végétale, qui ne contiennent pas de formaldéhyde.
- **Si vous souhaitez poser de la moquette**, optez pour un produit traité contre les acariens

et la poussière. Certaines le sont également contre les taches. Renseignez-vous bien avant l'achat. Évitez de poser votre moquette avec de la colle : cela entraîne des émissions de COV supérieures, voire très supérieures, à la norme. Une étude menée en 2009 a d'ailleurs incité l'association UFC-Que choisir à « recommander l'utilisation de scotch double face qui ne provoque aucune émission de composés organiques volatils ».

- **Vous souhaitez poser un parquet ?** Évitez le stratifié, qui émet beaucoup de COV. Préférez le parquet vitrifié au parquet huilé ou ciré : il est plus économique, mais aussi plus facile à entretenir au quotidien. Et c'est important dans une chambre d'enfant ! Quel que soit le parquet choisi, attention aux COV qui peuvent se cacher dans les colles, les vernis, les huiles… Heureusement, il existe aujourd'hui de nombreuses alternatives naturelles. Renseignez-vous bien avant l'achat ! N'oubliez pas de poser une sous-couche de bonne qualité qui atténuera les bruits (important pour les voisins du dessous !) et renforcera l'isolation thermique et phonique de votre appartement ou de votre maison.
- **Pensez aussi au vrai « lino »** ou linoléum, un matériau 100 % naturel fabriqué avec de l'huile de lin (d'où son nom), du bois, du liège, des résines et des pigments naturels, le tout

étant pressé dans de la toile de jute. Rien à voir donc, tant au niveau esthétique qu'écologique, avec un revêtement en plastique, comme on le croit souvent ! Non seulement c'est un matériau très sain, à la fois antiallergique et antibactérien, mais en plus il s'entretient facilement. En revanche, attention à la colle que vous choisissez : optez pour une colle sans solvant ou jetez votre dévolu sur un lino à clipser.

19. Comment bien équiper sa chambre ?

La pièce centrale dans la chambre de votre bébé, c'est bien sûr le lit. Mais d'autres meubles et accessoires vous seront également très utiles. Revue de détail.

Le lit. Au début, vous pouvez opter pour un berceau, qui peut faire office de lit jusqu'aux trois à six mois de Bébé (en fonction du modèle de berceau et du gabarit de votre enfant). L'avantage : plus enveloppant qu'un petit lit classique, il est souvent plus rassurant pour un bébé. Autre avantage : il se transporte facilement d'une pièce à l'autre. Mais sachez qu'il n'est pas indispensable, et que vous pouvez faire dormir votre bébé dans un lit à barreaux dès sa naissance. Pour bien choisir ce lit, vérifiez qu'il est « conforme aux normes de sécurité en vigueur » (norme NF EN 716*).

Cela garantit le bon espacement des barreaux (6 cm maximum), une hauteur minimale des montants (60 cm) et une peinture de bonne qualité (et surtout non toxique). Attention aux lits d'occasion achetés à des particuliers ou prêtés par la famille : assurez-vous qu'ils respectent bien ces règles. Certains modèles proposent des sommiers réglables en hauteur. Au début, on le règle en position haute pour pouvoir lever Bébé sans se casser le dos, puis on descend le sommier au fur et à mesure que l'enfant grandit, afin qu'il ne puisse pas escalader les barreaux et risquer une chute. Certains lits proposent aussi des barreaux amovibles qui permettent de transformer ensuite le lit de Bébé en petit lit d'enfant.

Le matelas. Il doit être aux dimensions exactes du lit ou du berceau de votre bébé, pour éviter qu'il ne se coince dans l'espace vide (risques d'étouffement). Les dimensions standard sont de 33 × 72 cm pour un berceau et de 60 ou 70 × 120 ou 140 cm pour un lit à barreaux. Il doit également être suffisamment ferme pour assurer le confort et la sécurité de votre tout-petit : 22 kg/m^3 minimum. Ces normes doivent impérativement être respectées pour éviter les accidents asphyxiques et pour prévenir les risques d'apnée et de mort subite du nourrisson. Si le matelas est trop mou et que le bébé se retourne, il risque d'enfouir son visage dedans et de s'étouffer. Veillez à protéger le matelas avec un drap-housse (aux bonnes dimensions) et une alèse (utile notamment pour éviter de tacher le matelas). Pensez à le nettoyer en le secouant régulièrement, en passant l'aspirateur et en le retournant (certains modèles ont une face hiver et une face été). Vous pouvez également passer dessus une éponge légèrement humide.

La table à langer. Elle vous permettra de changer votre bébé en toute sécurité, et d'y ranger tout le matériel nécessaire (couches, produits d'hygiène, disques de coton…). Il existe aujourd'hui de nombreux modèles. Certains sont dotés de roulettes pour être déplacés facilement, d'autres peuvent être fixés au mur ou sur un support (commode, baignoire…). Voyez ce qui est le plus pratique pour vous ! Un point important à garder en tête dès l'achat de cet équipement : les premiers accidents de table à langer surviennent dès trois ou quatre mois, quand Bébé commence à se tourner sur le côté, puis sur le ventre. Donc pas question de laisser Bébé seul sur la table, même quelques secondes.

Les meubles de rangement. Armoire, commode, caisses pour les jouets…, on ne prévoit jamais trop de rangements dans une chambre d'enfant. Encore une fois, misez sur les côtés pratique et sûr avant tout : évitez les meubles avec des coins trop pointus, privilégiez les peintures sans solvants, oubliez les coffres dont le couvercle risque de pincer les doigts…

20. Poussette : comment faire le bon choix ?

Dans ce domaine, il y a de quoi s'y perdre, surtout quand on est un jeune parent ! Entre la poussette-canne, la citadine, la combinée, la tout-terrain... pas facile de choisir ! Pour trouver celle qui vous convient, le mieux est de prendre en compte votre mode de vie. Pour faire simple, il en existe de deux grands types.

- **Si vous habitez en ville et/ou que vous prenez souvent les transports en commun, optez pour une poussette citadine**, c'est-à-dire compacte, légère maniable. Certains modèles peuvent être utilisés dès la naissance, car ils proposent une position allongée (indispensable avant l'âge de six mois). L'avantage est que cette poussette pourra vous suivre jusqu'aux trois ans de votre enfant. Si vous habitez au quatrième étage sans ascenseur (et que vous n'avez pas de garage à poussette en bas de l'immeuble), ce genre de modèle est également idéal. Et c'est encore mieux si la poussette se replie facilement : avec une seule main, c'est le top, car vous pouvez attraper votre enfant d'une main et plier la poussette de l'autre. Côté budget, comptez entre 60 et 300 euros environ.

À noter
La citadine se différencie de la poussette-canne, un modèle plus léger mais aussi un peu moins confortable, à réserver aux bébés un peu plus grands (à partir de sept à neuf mois, dès qu'ils commencent à se tenir assis).

- **Si vous habitez à la campagne et/ou que vous avez une voiture et que vous ne prenez que rarement les transports en commun, la poussette combinée est plus adaptée.** Il s'agit en fait d'une poussette évolutive, avec une nacelle (sorte de couffin où votre bébé pourra dormir allongé jusqu'à ses six mois environ), un baby-cosy (sorte de petit siège-auto) et un hamac (pour asseoir les enfants un peu plus grands). Vous l'aurez compris : ce type de poussette s'adapte à vos besoins de la naissance aux trois ans de l'enfant. Inutile de vous équiper avec un siège-auto en plus car les accessoires fournis remplissent ce rôle. Cet équipement est très pratique et confortable pour votre enfant, mais vérifiez que tout cela rentre bien dans le coffre de votre voiture ! Côté budget, c'est évidemment plus cher : comptez entre 500 et 1 000 euros.

L'astuce en +

Si vous hésitez entre les deux modèles, et que vous n'avez pas envie ou ne pouvez tout simplement pas trop investir dans une poussette, vous pouvez très bien vous faire prêter une poussette combinée. Vous avez peut-être dans votre entourage des parents qui seraient prêts à vous rendre ce service. Autre solution : les sites d'occasion, qui regorgent de matériel souvent peu utilisé. Mais attention : avant de l'acheter, vérifiez que le produit est en bon état et qu'il s'agit d'une marque de qualité. Il y va de la sécurité de votre enfant.

21. Quel siège-auto choisir ?

Si vous avez une voiture (ou si vous prévoyez d'en acheter une à l'occasion de l'arrivée de Bébé), c'est un équipement obligatoire. Ne tardez pas à l'acheter si vous avez prévu de rentrer de la maternité en voiture !

Vous avez le choix entre deux modèles :

- **La nacelle.** Plus qu'un siège-auto, c'est un lit-auto ! Elle se fixe sur la banquette arrière de la voiture, parallèlement au dossier. Votre bébé peut ainsi voyager allongé, en toute sécurité, jusqu'à 10 kg environ. La nacelle peut être achetée de manière indépendante ou bien faire partie d'une poussette combinée (voir p. 93). C'est une option idéale si vous faites de longs trajets en voiture. Elle peut aussi servir de petit lit d'appoint pour votre bébé chez des amis, en week-end…

- **Le siège-auto groupe 0+.** Il est adapté pour les bébés dès la naissance jusqu'à 12 mois environ (ou bien jusqu'à ce qu'ils atteignent 13 kg). Comme la nacelle, il peut être acheté de manière indépendante ou faire partie d'une poussette combinée. Il s'installe sur la banquette arrière, dos à la route. À réserver aux petits trajets car il est moins confortable que la nacelle (votre bébé est en position semi-assise). Sachez aussi que certains sièges-autos « évolutifs » (groupe 0+/1) sont adaptés de la naissance à 18 kg (environ quatre ans).

Une nouvelle norme pour les sièges-autos

Sachez que, depuis 2013, il existe une nouvelle norme en matière de siège-auto, concernant les sièges Isofix (munis d'un système de fixation simplifié compatible avec toutes les voitures équipées Isofix). Elle rend notamment obligatoire la position dos à la route jusqu'à quinze mois. De plus, le choix du modèle de siège se fait non plus en fonction du poids de l'enfant mais de sa taille, ce qui assure une meilleure sécurité. Jusqu'en 2018, cette norme continue de coexister avec l'ancienne. Ensuite, elle sera la seule en vigueur.

Attention aux sièges-autos d'occasion

Vous envisagez d'acheter un siège-auto d'occasion ? Faites preuve de la plus grande prudence ! En effet, des microfissures invisibles à l'œil nu (comme sur les casques de moto) peuvent endommager le siège et nuire à la sécurité de votre enfant. De plus, ils sont souvent livrés sans notice, ce qui accroît le risque de mauvaise installation.

22. *Quels sont les autres équipements indispensables à prévoir ?*

Le porte-bébé. Les premiers mois, il est très agréable de porter son bébé contre soi et de ne pas s'encombrer avec une poussette. De cette manière, vous gardez les mains libres pour siroter votre café ou lire votre journal. Et surtout, vous avez enfin la chance de pouvoir expérimenter ce que la maman a pu ressentir pendant sa grossesse. Sans oublier que les bébés adorent être portés, et que cela pourra vous sauver dans bien des situations où vous n'arrivez pas à le calmer. Installez-le dans le porte-bébé et comptez les secondes jusqu'à ce qu'il s'endorme, vous serez surpris ! Vous pouvez porter Bébé soit en le positionnant face à vous, soit dos à vous. Ainsi, il pourra découvrir le monde extérieur bien mieux qu'en position allongée. Autre avantage : chez les bébés qui ont des régurgitations fréquentes, la position verticale induite par le porte-bébé leur assure un meilleur confort digestif que la position allongée ou demi-assise dans la poussette. Mais attention à votre dos : au-delà de 8 kg et sauf pour des trajets très courts, reprenez la poussette.

La petite baignoire pour bébé. Elle vous servira jusqu'aux deux ans de l'enfant environ. Si vous n'avez pas beaucoup de place dans votre salle de bains, vous pouvez opter pour un modèle pliant facile à caser dans un recoin après utilisation.

Autre solution : le transat de bain pour installer Bébé dans la baignoire familiale.

Et c'est tout (c'est déjà pas mal !). Même si les vendeurs et les vendeuses des magasins de puériculture ont l'art de vous séduire avec de tout nouveaux produits, souvent super-high-tech, sachez qu'une grande partie d'entre eux n'ont aucune utilité.

- **Le pèse-bébé** : votre bébé sera pesé à chaque visite à la PMI ou chez le pédiatre. C'est largement suffisant ! Même en cas de souci, comme une prise de poids insuffisante qui nécessite une pesée quotidienne, vous pourrez à moindres frais en louer un à la pharmacie.
- **Le chauffe-biberon** : encore un accessoire inutile ! Vous pourrez simplement réchauffer les biberons au bain-marie ou au four à micro-ondes (avec toutes les précautions qui s'imposent, voir p. 190).
- **Le cale-bébé** (censé maintenir le bébé sur le dos et limiter le risque de mort subite du nourrisson) **et l'oreiller anti-tête plate** : inutile… et même dangereux (car Bébé peut se retrouver la tête coincée dedans et s'étouffer).
- **Le baby-phone** : inutile si vous habitez dans un appartement ou une petite maison.

23. *Comment choisir le prénom de notre bébé ?*

Le choix du prénom est un moment important pour un couple. En règle générale, chacun a quelques prénoms en tête, et parfois des idées bien précises qui ne datent pas d'hier. Oui mais voilà, un prénom, ça se choisit à deux. Donc, à moins d'être exactement sur la même longueur d'ondes dès le départ, il va falloir que chacun fasse preuve de tact, de diplomatie, de souplesse, voire de sens du sacrifice, car vous ne pourrez garder qu'un prénom. Cela promet quelques soirées de discussions animées ! Voici quelques petits conseils pratiques pour réussir malgré tout à vous décider.

- **Mettez cartes sur table !** Vous pouvez décider par exemple d'établir, chacun de votre côté, une liste des 10 ou 15 prénoms que vous aimez. Chacun pourra ensuite poser son veto sur un certain nombre des choix de l'autre… À défaut de se mettre d'accord tout de suite, cela peut permettre à chacun de voir un peu le style de prénoms qu'aime l'autre (et peut-être aussi de se rendre compte de l'ampleur des discussions qui vous attendent…).
- Si vous n'avez pas d'idées, sachez qu'il existe **de nombreuses sources** pour vous inspirer : regardez les génériques des films et des séries

télé que vous aimez, feuilletez les livres de prénoms (il y en a pléthore !)…

- N'oubliez pas que le prénom va faire partie de l'identité de votre enfant et le suivre toute sa vie. **Attention aux prénoms trop originaux**, trop difficiles à prononcer ou écrire… Sachez également que l'enfant, en grandissant, est très conformiste et qu'il peut se sentir rassuré de trouver dans sa classe un enfant qui porte le même prénom que lui. Évitez également les associations nom-prénom malheureuses !
- Le prénom de votre bébé n'appartient qu'à lui et son choix n'appartient qu'à vous. Alors **ne vous laissez pas influencer** par le grand-oncle Bonaventure ou l'arrière-grand-père Isidore !
- **Restez zen.** Inutile de vous énerver ou de vous stresser : au final, vous réussirez toujours à trouver un prénom pour votre enfant. Quitte à inventer un prénom composé ou à donner votre prénom favori en deuxième ou troisième prénom…
- **Si vous n'arrivez vraiment pas à vous décider sur les trois ou quatre choix restants**, pas d'inquiétude. Peut-être qu'en voyant pour la première fois la bouille de votre bébé, vous aurez enfin le déclic ?

24. Quel nom de famille lui donner ?

Depuis quelques années, **le nom du père n'est plus donné à l'enfant de manière automatique**. Une loi datant de 2005 autorise aussi les parents à donner à leur enfant :

- le nom de la mère uniquement ;
- ou bien les deux noms de famille (celui du père et celui de la mère), accolés dans l'ordre de votre choix.

Mieux vaut donc en parler avec votre conjointe avant la naissance de votre enfant ! Sachez par ailleurs que **ce choix est irrévocable** et que ce sera le même pour les enfants qui suivront, si vous en avez d'autres. Et que si vous êtes en désaccord, c'est votre nom à vous, papa, qui s'imposera automatiquement.

25. Quel mode de garde choisir ?

C'est une question essentielle à se poser avant la naissance de votre enfant, surtout si vous habitez dans une grande ville, où les places en crèche sont rares ! Sachez qu'il existe de nombreuses solutions pour faire garder un enfant : tout dépend de vos souhaits et de vos besoins. Pour bien choisir, mieux vaut donc d'abord avoir une idée précise de ce que vous voulez.

Pour simplifier, il y a deux grands types de mode de garde : la garde collective et la garde individuelle. Chacun présente des avantages et des inconvénients.

Le système de garde collective : votre enfant est gardé dans une crèche, encadré par une équipe de professionnels de la petite enfance (puéricultrices, auxiliaires de puériculture, éducateurs...). Il existe différents types de crèche : publique (gérée par la municipalité), privée (gérée par une association ou une entreprise), parentale (gérée en partie par les parents qui accordent une demi-journée de leur temps par semaine)...

- **Les avantages** sont nombreux : votre bébé découvre très tôt la vie en collectivité, ce qui est bénéfique pour son développement, son éveil et sa sociabilité. Côté prix, le coût dépend de vos revenus. Autre atout : la crèche est quasiment ouverte toute l'année (en été et pendant les fêtes de fin d'année, il existe des sortes de permanences appelées « regroupements » dans les crèches municipales : en clair, les enfants sont regroupés dans certains établissements).
- **Les inconvénients** sont principalement liés à ceux de la vie en collectivité. Les enfants ne font pas que partager les jouets, ils échangent aussi les virus et les bactéries ! Votre bébé va donc souvent attraper des maladies infectieuses, surtout les deux premiers hivers. De plus, assez souvent, sa présence à la crèche

ne sera pas acceptée s'il a de la fièvre ou s'il n'est pas en forme. Sachez que les horaires des crèches sont stricts : si vous travaillez tous les deux tard le soir, il vous faudra faire appel à une tierce personne pour venir chercher votre bébé. Si vous vous déplacez en transports en commun, vous devrez aussi prévoir une marge pour les éventuels retards, voire un plan B en cas de grève de transports. Sans compter les jours où la crèche n'est pas ouverte, en raison de grèves ou de journées pédagogiques. Enfin, sachez que certains parents ont du mal à laisser leur tout-petit dès l'âge de deux mois et demi ou trois mois dans un système de garde collectif, et préfèrent dans ce cas la garde individuelle, qu'ils jugent plus « personnalisée »...

Petits conseils pratiques en +

• Si vous êtes salarié, renseignez-vous également auprès de votre DRH ou de votre CE : certaines entreprises financent des places dans **des crèches privées** pour leur personnel (sur le lieu de travail ou bien dans des crèches privées préexistantes). C'est une solution très pratique, et surtout très économique.

• Si vous habitez dans une grande ville, et que vous souhaitez avoir une place en crèche municipale, **ne tardez pas pour faire votre demande**. Dans certaines villes, il faut s'y prendre dès le sixième mois de grossesse, et être très persévérant (courriers, relances téléphoniques…).

• Une fois votre demande de place en crèche effectuée auprès de la mairie, **demandez un rendez-vous à la directrice de la crèche** où votre bébé sera (peut-être) affecté. Le fait de venir sur place et de vous intéresser à l'organisation et au personnel de la crèche est un petit plus qui pourra inciter la directrice à appuyer votre demande auprès de la mairie (surtout si elle vous trouve sympa !).

• Si vous cherchez une solution de garde de quelques demi-journées par semaine uniquement (par exemple si vous ou votre compagne ne travaillez pas ou bien travaillez à mi-temps), vous pouvez vous tourner vers **la halte-garderie,** un système de garde occasionnel. Mais sachez que toutes les municipalités ne proposent pas cette solution. En revanche, certaines crèches, dans un souci d'optimisation de l'occupation, peuvent proposer un système un peu similaire à celui des haltes-garderies. Si une crèche a une place disponible un jour par semaine (par exemple si des parents font garder leur enfant quatre jours sur cinq), elle pourra la proposer à une autre famille.

Les systèmes de garde individuelle : vous embauchez une nounou à votre domicile ou une assistante maternelle qui garde l'enfant chez elle. Pour alléger le coût de la première formule, cette garde est souvent partagée avec une autre famille.

- **Les avantages** sont principalement liés à la souplesse, au quotidien, de ce mode de garde. Si vous et votre conjointe travaillez tard le soir ou si vous avez des horaires un peu atypiques, cela peut être la solution idéale. L'enfant, lui, est gardé dans un environnement familial, soit à votre domicile, soit en alternance dans l'autre famille, soit au domicile de l'assistante maternelle. S'il est malade, cela ne pose *a priori* pas de problème. Il vous faut, tout de même, par correction, prévenir l'autre famille si votre enfant a attrapé la varicelle ou a une bronchiolite, par exemple.
- **Les inconvénients** viennent du fait que vous devenez employeur… avec toutes les contraintes que cela suppose : sélection de la candidate, gestion des fiches de paie, des absences, des congés payés, des éventuels arrêts maladie, des formalités de licenciement

en fin de contrat… Si vous avez une nounou à domicile et pratiquez une garde partagée, il faut aussi trouver une famille qui a à peu près les mêmes contraintes et les mêmes exigences que vous. Et il faut aussi réussir à s'entendre avec elle au quotidien (sur l'organisation, les dates de vacances de la nounou…), ce qui n'est pas toujours facile. De plus, si l'assistante maternelle ou la nounou tombe malade, il faut trouver une solution de remplacement. Côté coût, cette formule est plus onéreuse que la crèche, même si vous avez droit à des aides et à une réduction d'impôt.

Casting de nounou : mode d'emploi

Le choix d'une assistante maternelle ou d'une nounou à domicile n'est pas chose facile, et vous devez vous assurer qu'il s'agit de la bonne personne pour votre bébé.

• Observez-la pendant qu'elle s'occupe de Bébé, lors d'un change ou d'un repas : **elle est censée lui parler**. Si elle garde le silence, ou si au contraire elle en fait trop, cherchez quelqu'un d'autre.

• **Même chose si elle sent la fumée de cigarette** à plein nez, ou si son appartement sent le tabac…

• **Assurez-vous qu'elle sort Bébé** tous les jours, et au moins une heure par jour, au parc ou au jardin public. Certaines nounous décrètent, dès qu'il fait un peu gris, qu'il ne fait pas assez beau temps pour sortir. Or les bébés sont très sensibles à l'atmosphère confinée des appartements et ont besoin de sortir quotidiennement.

• **Assurez-vous qu'elle ne garde pas plus de trois enfants à la fois.** Les assistantes maternelles ont un agrément (qui se fait par le biais de la Protection maternelle et infantile) pour deux, voire trois enfants, en fonction de la surface de leur appartement. Mais, devant l'appât du gain, certaines n'hésitent pas à garder un ou deux enfants supplémentaires de façon « non agréée ». De plus, sur les trois enfants, dont le vôtre, un au moins doit avoir une marche assurée. Sinon, même avec une poussette double, adieu les promenades !

• **Soyez pointilleux en matière d'alimentation.** Même si votre candidate vous assure « qu'elle fait ce métier depuis longtemps », et qu'elle sait « quoi donner à manger aux enfants qu'elle garde », assurez-vous qu'elle ne prenne aucune initiative sur le plan diététique et qu'elle respecte à la lettre le menu conseillé par le pédiatre.

• **Enfin, soyez instinctif !** Vous allez lui confier ce que vous avez de plus précieux et vous êtes en droit d'être exigeant. De la même façon que vous l'avez ressenti avec l'élue de votre cœur, vous sentirez que c'est la « bonne » personne pour s'occuper de votre bébé, même si elle n'est pas bardée de diplômes et de références.
En conclusion, bon courage pour trouver la perle rare, mais vous y arriverez !

À noter :

- **Pour en savoir plus** sur les différents modes de garde, rendez-vous sur le site créé par la Caisse nationale des Allocations familiales (www.mon-enfant.fr).
- **Certaines entreprises versent une aide financière** pour la garde de votre enfant à domicile. Elle peut notamment servir à préfinancer tout ou partie des chèques emploi service universel (Cesu), un moyen de paiement qui vous permet de rémunérer votre assistante maternelle ou votre nounou.

26. *Quand prendre mon congé paternité* ?*

Le congé paternité* (légalement appelé « congé de paternité et d'accueil de l'enfant ») est un droit accordé à tous les jeunes papas. Certes, vous n'êtes pas obligé de le prendre, mais pourquoi vous en priver ? Ce congé est en effet l'occasion unique de passer du temps avec votre bébé, de prendre vos marques ensemble et d'apprendre à le connaître. Mais aussi d'être aux côtés de votre femme pour l'aider et la soutenir au quotidien pendant quelques jours (et de prendre une pause bien méritée après la naissance de votre enfant). Ce congé paternité peut être pris **dans les quatre mois qui suivent la naissance** de votre bébé. Plus précisément, il doit être pris dans les quatre mois, mais peut se poursuivre au-delà. À vous de décider du moment idéal ! En règle générale, les jeunes papas le posent au moment où leur femme et leur bébé sont de retour à la maison. Cela permet au nouveau trio de prendre ses marques ensemble. Cela peut aussi soulager la jeune maman épuisée ou un peu angoissée à l'idée de se retrouver seule toute la journée avec son bébé. Mais, dans certains cas, il peut être plus judicieux de le prendre quelques jours ou semaines après. Par exemple, si vous avez de gros dossiers en cours au travail et que vous ne pouvez vraiment pas vous absenter. Ou bien si vous

souhaitez attendre que votre enfant soit un peu plus grand et en profiter pour partir ensemble quelques jours en vacances... À voir en fonction de vos désirs (et exigences) personnels et, bien sûr, de ceux de la maman !
Pour vous aider à vous décider, voici quelques informations utiles à connaître.

- **La durée du congé paternité est de 11 jours** pour la naissance d'un enfant, de 18 jours si vous avez des jumeaux (ou plus). Il s'ajoute aux trois jours accordés par l'employeur pour la naissance et peut être pris à la suite de ces jours, ou pas. Vous pouvez aussi décider de prendre moins de jours.

***À noter* :**
Il s'agit de jours calendaires (c'est-à-dire samedis, dimanches et jours fériés inclus). En clair, mieux vaut faire débuter le congé un mardi matin qu'un jeudi ou un vendredi soir.

- Pendant le congé paternité, le contrat de travail est suspendu. Et donc le salaire aussi ! En compensation, sous certaines conditions, vous pouvez percevoir **des indemnités journalières de la part de la Sécurité sociale**. Pour en savoir plus et calculer le montant de vos indemnités, rendez-vous sur www.ameli.fr
- Sachez enfin que ce congé est **ouvert à tous les salariés**, quel que soit leur contrat (CDI, CDD, temps partiel, intérimaire...), leur

ancienneté et leur situation familiale (mariés, pacsés, en union libre, divorcés...). Il est également ouvert aux demandeurs d'emploi.

À noter **:**

- **Prévenez votre employeur suffisamment à l'avance** de votre intention de prendre votre congé paternité*. La loi précise qu'il faut l'avertir au moins un mois à l'avance. En pratique, ce n'est pas forcément évident car la date de l'accouchement est rarement connue de manière sûre et certaine. Reste à compter sur l'indulgence et la compréhension de votre employeur si ce congé doit finalement être déplacé.
- **Consultez votre convention collective** : certains avantages supplémentaires peuvent être prévus, par exemple le maintien du salaire pendant toute la durée du congé, voire des jours de congé en plus.
- Renseignez-vous également **auprès de votre mutuelle** : certaines proposent une prime de naissance qui peut compenser en partie la baisse ponctuelle de salaire.
- Si vous le souhaitez, vous pouvez également prendre **un congé parental**, dans la foulée de votre congé paternité, ou un peu plus tard. Voir aussi p. 293.

Paroles de papa

« Pour ma première fille, j'ai pris mon congé paternité en partie seulement. Pour les deuxième et troisième, en revanche, je les ai pris en entier. Je pense que ce congé est un moment important. Au-delà du fait de s'occuper de Bébé, c'est une période également essentielle pour la maman, qui a besoin de cette présence à ses côtés. »

Cédric, papa de Sara, Emma et Éléonore

Chapitre 3

LE JOUR J EST ARRIVÉ : L'ACCOUCHEMENT

Il y a encore quelques dizaines d'années, les hommes étaient tenus à l'écart des salles de travail, et seuls ceux dont les femmes accouchaient à la maison pouvaient assister à la naissance de leur bébé. Aujourd'hui, dans les pays occidentaux, 90 % des pères assistent à la venue au monde de leur enfant. Si vous et votre compagne décidez que vous serez présent, vous devez savoir à quoi vous attendre. Pour cela, vous pouvez assister aux cours de préparation à l'accouchement, visiter la maternité et/ou vous documenter sur le sujet. Mais une naissance réserve toujours quelques surprises, et rien ne dit que le jour J, vous supporterez la vue du sang, des mucosités, des excréments, des cris... Gardez cependant toujours en tête que c'est un moment unique et magique, dont vous vous souviendrez longtemps !

27. *Comment me préparer pour le jour J et aider efficacement ma compagne ?*

Tout au long de la grossesse, il est important que vous parliez ensemble du jour de l'accouchement afin que chacun d'entre vous expose sa vision des choses. Si vous décidez de ne pas y assister, c'est votre choix (voir p. 130), et il doit être respecté. Mais prenez également en compte les souhaits de votre compagne. Le choix de la maternité doit être fait depuis longtemps, mais votre femme peut avoir des souhaits particuliers sur la façon dont elle désire accoucher. Veut-elle par exemple accoucher dans l'eau ou utiliser une autre technique d'accouchement actif, par exemple basée sur le yoga ? Désire-t-elle accoucher allongée sur le dos ou accroupie ? Veut-elle bénéficier d'une péridurale* ? Accepte-t-elle d'avoir une épisiotomie* ? Le fait de partager avec elle ces décisions concernant l'accouchement ne pourra que vous aider tous les deux à l'envisager avec plus de sérénité. Faites en sorte d'exprimer ces choix à l'équipe médicale qui sera présente au moment de l'accouchement. Par ailleurs, durant cet événement, il est possible que vous soyez amené à prendre une décision sans pouvoir consulter votre compagne, c'est pourquoi il est si important que vous sachiez exactement ce qu'elle accepte ou refuse.

Le jour J se rapproche ? Voici un petit pense-bête de ce qu'il ne faut pas oublier…

- **Prévenez votre employeur** de la naissance imminente de votre enfant et faites si nécessaire les démarches pour bénéficier d'un congé paternité (voir aussi p. 110), mais sans vous engager sur les dates précises. Seul un bébé sur 20 naît à la date prévue.
- **Assurez-vous que vous avez bien enregistré, dans votre smartphone, les numéros de téléphone** de l'obstétricien et de la maternité. Vous pouvez aussi établir la liste des membres de la famille et des amis que vous voulez prévenir dès la naissance de Bébé.
- **Organisez-vous pour être disponible pendant toute cette période** : évitez les déplacements professionnels, soyez joignable en permanence, afin d'être présent et prêt à agir lorsque votre compagne perdra les eaux ou que les premières contractions se feront sentir.
- À l'approche du terme, **n'hésitez pas à appeler régulièrement la future maman** quand vous êtes au travail, afin de vous assurer que tout va bien pour elle. Et pour lui montrer que vous êtes à ses côtés pour affronter

l'anxiété grandissante qu'elle doit commencer à ressentir.

- **Repérez les trajets les plus courts ou les moins embouteillés en fonction de différents horaires**. Éventuellement, renseignez-vous sur les sociétés de taxis qui travaillent 24 heures/24 et 7 jours/7. Il faut que vous soyez prêt à partir à la maternité à n'importe quelle heure du jour ou de la nuit !
- **Assurez-vous que la future maman a bien préparé sa valise de maternité** et qu'elle l'a déposée dans un endroit facilement accessible. Vérifiez aussi qu'elle y a bien mis tous les papiers utiles : carte Vitale, carte de groupe sanguin, résultats des examens médicaux... Elle aura probablement tout préparé et y aura pensé avant vous, mais deux précautions valent mieux qu'une.
- **Pensez, vous aussi, à préparer votre petit sac** avec quelques affaires de rechange, de la lecture, une bouteille d'eau, des petites choses à grignoter, voire un appareil photo ou votre tablette avec quelques applis ou films sympas. Un accouchement, c'est souvent très long pour la maman, mais aussi pour le futur papa !

28. *Quand partir à la maternité ?*

Il est souvent difficile de poser le diagnostic de début de travail, même pour les sages-femmes et les médecins. La seule chose vraiment importante est de savoir à quel moment il faut partir à la maternité. Sachez que l'accouchement a rarement lieu le jour prévu (sauf bien sûr en cas de césarienne* programmée). Il y a souvent des fausses alertes ! Deux signes sont à prendre en compte : les contractions utérines* et la perte des eaux.

Les contractions utérines* sont des contractions ressenties par la future maman « dans tout le ventre » et « dans les reins » (et parfois surtout dans les reins). Elles commencent faiblement, puis augmentent d'intensité avant de se calmer complètement… jusqu'à la prochaine contraction. Il est facile de constater, si vous posez la main sur le ventre de votre compagne, que l'utérus devient dur pendant la durée de la contraction. Ces contractions sont rythmées et régulières. Elles vont revenir à des intervalles de plus en plus courts au fur et à mesure du travail : toutes les demi-heures au début puis toutes les 20 minutes, 15, 10, 5 minutes et même moins lors de la phase finale de l'accouchement.

Que faire en cas de contractions ?

- **Si les contractions ne sont pas trop douloureuses,** inutile de vous précipiter à la maternité dès la première contraction, car cela peut durer plusieurs heures : la future maman, dans un premier temps, sera bien mieux dans un lieu familier qu'à la maternité. À la maison, les distractions ne manquent pas : elle peut lire, regarder la télévision. Pour l'aider à se détendre, incitez-la à prendre un bain.

- En revanche, **si les contractions sont douloureuses et rapprochées**, il vaut mieux vous rendre à la maternité. En règle générale, l'obstétricien vous conseillera, selon la distance entre votre domicile et la maternité, de venir lorsque les contractions se produisent toutes les 5 à 10 minutes depuis plus d'une heure, chacune durant entre 45 et 60 secondes, et en général si intenses que votre compagne ne pourra plus parler. Les contractions intenses rapprochées de moins de trois minutes sont souvent le signe d'un accouchement imminent. Si vous avez déjà un enfant, souvenez-vous que le deuxième arrive en moyenne deux fois plus vite que le premier.

La rupture de la poche des eaux*, qu'elle survienne pendant une contraction ou hors de toute contraction, doit vous inciter à vous rendre sans tarder à la maternité. Elle se caractérise par un écoulement brusque, sans aucun signe prémonitoire, d'une quantité souvent importante d'un liquide fluide et clair comme de l'eau. Après la première « inondation », l'écoulement se produit souvent de façon plus modérée et intermittente. Il s'agit en fait du liquide amniotique contenu dans ce que l'on appelle la « poche des eaux », dans laquelle le bébé évolue. S'il s'écoule, cela signifie que la poche est rompue, et que le bébé n'est plus à l'abri d'une éventuelle infection. Face à une perte d'eau, il faut donc tout de suite partir à la maternité pour un premier examen et une surveillance régulière. Si cette rupture de la poche des eaux s'est faite en dehors de toute contraction et que, une fois arrivés à la maternité, le début du travail se fait attendre, l'équipe envisagera de déclencher l'accouchement dans les quelques heures qui suivent.

La perte du bouchon muqueux* (pertes glaireuses, épaisses et gélatineuses, grisâtres, parfois teintées de sang), elle, n'est pas le signe d'un accouchement imminent. Elle peut parfois accompagner les contractions utérines*, mais peut aussi survenir plusieurs jours avant. Inutile de prévoir un départ à la maternité dans ce dernier cas.

En conclusion, vous devez vous rendre à la maternité dans l'un des deux cas (ou les deux cas) suivants :

- Si les contractions sont douloureuses et/ou rapprochées (toutes les 5 à 10 minutes depuis plus d'une heure).
- En cas d'écoulement brusque de liquide évocateur d'une rupture de la poche des eaux.

Et si le terme est dépassé ?

Votre compagne est arrivée au terme de sa grossesse. En clair, c'est le jour prévu de l'accouchement, ou le lendemain, mais il ne se passe toujours rien ? Pas de panique ! Certaines femmes accouchent après le terme théorique de la grossesse, et cela n'est pas dangereux, ni pour elles ni pour le bébé. En général, l'équipe de la maternité prévoit une petite semaine de marge après le jour théorique (mais cela dépend des établissements). De plus, rassurez-vous : dès que le terme est dépassé, la future maman est invitée à se rendre tous les jours ou tous les deux jours à la maternité pour s'assurer que tout va bien pour votre bébé et pour elle. Si, au bout de sept jours après le terme, votre bébé n'est toujours pas décidé à pointer le bout de son nez, l'équipe médicale déclenchera l'accouchement. Durant tout ce temps, restez patient et calme : la naissance est de toute façon imminente.

Paroles de papa

« Lors de la première grossesse, j'étais plutôt assez détendu à l'approche du jour J... Le jour de la naissance de ma première fille, je pensais avoir mis la sonnerie de mon téléphone à fond... mais en fait, il était en mode silence. Ma femme cherchait à me joindre depuis 2 heures car les contractions avaient commencé, mais je n'ai rien entendu ! C'est mon beau-père qui est venu me chercher au bureau. D'où un moment d'angoisse très intense : je me souviens avoir roulé plein phare, pris les couloirs de bus... Mais heureusement je suis arrivé à temps et l'accouchement s'est très bien déroulé. Pour le second, j'étais curieusement beaucoup plus stressé. J'étais bien sûr obnubilé par mon téléphone, j'avais du mal à me poser, j'étais prêt à partir à chaque instant, j'avais déjà rangé les clés de voiture dans un endroit particulier... »

David, papa de Manon et Charlotte

29. Comment se déroule un accouchement (dans les grandes lignes) ?

Si vous avez suivi les cours de préparation à l'accouchement de votre compagne, ou si vous avez assisté à la séance Spécial Papa, vous connaissez sûrement les grandes étapes du déroulement d'un accouchement. Mais un petit rappel n'est jamais inutile pour avoir les idées claires ! Sachez que le bébé peut naître en une heure (surtout si ce n'est pas un premier) ou le travail peut durer toute une journée, une nuit, voire plus.

Étape 1 : le départ à la maternité

Votre femme a des contractions rapprochées ou a perdu les eaux, et vous avez décidé de partir à la maternité (voir la question précédente). Quel que soit le mode de transport choisi, surtout si vous prenez le volant, inutile de stresser. Ce n'est pas parce que les contractions ont commencé que votre bébé va naître dans les minutes qui arrivent. Mieux vaut vous concentrer sur la route pour être sûr d'arriver à la maternité sans incident.

Étape 2 : l'arrivée à la maternité

Présentez-vous à l'accueil de la maternité. Après quelques petites formalités administratives, une infirmière ou une sage-femme réalise une série d'examens : analyse d'urine, prise de la température et de la tension… Elle pose aussi une voie veineuse (pour les futures perfusions) et installe un appareil de monitoring sur le ventre de la future maman, pour surveiller les battements du cœur du bébé. Elle vérifie aussi le degré d'ouverture du col de l'utérus. En fonction des résultats, la future maman est ensuite installée dans une chambre (cela signifie que le travail ne fait que commencer) ou dans une salle de travail (signe que le travail est déjà bien entamé).

Étape 3 : le travail proprement dit

Cette phase est la plus longue, et elle peut durer plusieurs heures (c'est très variable selon les accouchements). Les contractions, si elles avaient déjà commencé, vont se faire petit à petit plus régulières. Elles permettent l'ouverture progressive du col de l'utérus, qui est la « porte de sortie » de votre bébé. Si elles n'avaient pas encore commencé, patience : elles ne devraient pas tarder. L'équipe médicale peut aussi décider de les déclencher (en injectant un produit). Une fois le col suffisamment ouvert, l'anesthésiste peut poser la péridurale* (si votre compagne a choisi cette option). Cette anesthésie locale endort tout le bas du corps, jusqu'aux pieds, ce qui permet à la femme de ne plus souffrir, mais de conserver tout de même quelques sensations, notamment lors de l'expulsion du bébé. Pour cela, il vous invitera à sortir de la pièce pour ne pas vous laisser impressionner par l'aiguille (rassurez-vous, votre compagne bénéficie d'une anesthésie locale avant l'injection du produit anesthésiant entre les vertèbres).

Étape 4 : l'expulsion

Une fois le col suffisamment ouvert, le bébé est prêt à naître. Si votre femme a choisi la péridurale, cette étape se fera assez calmement puisqu'elle ne ressent plus la douleur, simplement quelques sensations. Si l'accouchement se fait sans péridurale (soit par choix personnel, soit parce que l'anesthésiste n'a pas eu le temps de la poser ou parce que l'anesthésie ne fonctionne pas), cette étape sera sûrement plus éprouvante. C'est à ce moment-là que la sage-femme ou l'obstétricien demandera à votre femme de pousser. Petit à petit, le bébé va descendre puis sortir la tête (s'il est en position tête en bas) puis les épaules, les bras et enfin le reste du corps. À vous de l'encourager, même si elle vous traite de tous les noms ou vous écrabouille les doigts en serrant votre main. Cette étape dure en moyenne une trentaine de minutes. Un grand moment chargé d'émotion !

Cela peut aussi arriver…

Certains événements peuvent « perturber » le déroulement normal d'un accouchement. Il est important de savoir en quoi ils consistent pour ne pas être pris au dépourvu. Rassurez-vous : ils sont courants, et l'équipe qui s'occupe de votre compagne et de votre bébé sait parfaitement comment procéder.

• **L'épisiotomie** : c'est une petite incision faite dans le périnée (ensemble de muscles qui soutient les organes génitaux), qui permet d'agrandir l'orifice par lequel le bébé doit sortir, pour éviter une déchirure du périnée. La maman ne sent quasiment rien (surtout si elle est sous péridurale) et elle est ensuite recousue. La cicatrisation, pendant les jours qui suivent l'accouchement, sera en revanche un peu plus douloureuse.

• **Les forceps** : c'est une sorte de pince géante qui sert à faciliter la sortie du bébé. La sage-femme enserre la tête de l'enfant puis tire délicatement. Cela n'est douloureux ni pour la maman ni pour le bébé. Le forceps est utilisé quand le bébé est bloqué dans la descente. La manœuvre pouvant être impressionnante, n'hésitez pas à détourner le regard ou à sortir de la salle à ce moment-là.

• **La césarienne d'urgence** (voir aussi p. 140) : si le travail est trop long, que le bébé ou la maman montre des signes de détresse cardiaque ou de fatigue, une césarienne* peut être décidée au cours de l'accouchement.

30. Comment vivre au mieux l'accouchement ?

Pour vivre au mieux la naissance de votre bébé, il est bien sûr préférable d'être informé sur la façon dont elle va se dérouler. Assistez au moins à une séance de préparation à l'accouchement, lisez un ouvrage spécialisé (comme le nôtre, et surtout la question précédente) qui va répondre à vos interrogations, visitez la salle de travail, et si vous avez des questions ou des angoisses, parlez-en à la sage-femme ou à l'obstétricien. Mieux vous comprendrez comment se passe un accouchement, mieux vous saurez y faire face. Si tout ne se passe pas comme prévu, gardez votre calme, restez à l'écoute de la future maman, rassurez-la et conservez, si possible, votre sens de l'humour. Vous n'êtes pas là pour lui dire comment faire pour accoucher, mais pour l'aider et partager avec elle une expérience inoubliable : rares sont les événements qui, dans la vie, vous apporteront autant de bonheur que la naissance de votre enfant.

En salle de travail, vous devrez assumer un rôle pas toujours facile, mais essayez aussi de profiter de ce moment unique.

- **Ne soyez pas décontenancé par les réactions, parfois violentes, de votre compagne.** Elle passera, et c'est normal, par différents stades émotionnels tout au long du travail : la montée d'adrénaline peut entraîner chez elle une perte de contrôle et elle peut vous rejeter. Ne lui en tenez pas rigueur, restez auprès d'elle car l'heure de la naissance approchant, elle pourra exprimer son angoisse et aura d'autant plus besoin de votre présence pour la réconforter et la rassurer. Restez calme, à son écoute, et ne soyez pas susceptible si elle vous envoie balader.

- **Vous craignez de vous évanouir ou de ressentir un malaise en salle d'accouchement ?** Vous n'êtes pas le seul, mais sachez que la plupart des futurs pères tiennent le coup et restent jusqu'au bout. Si vous ne vous sentez pas bien, concentrez-vous sur le visage de votre compagne et aidez-la à respirer. Si vous ne tenez plus, et surtout lorsque la maman récupère entre deux contractions, asseyez-vous et essayez de vous détendre quelques instants. Si vous en ressentez le besoin, sortez respirer une bouffée d'air frais et marchez un peu. N'oubliez pas de vous restaurer pour préserver vos forces : il ne manquerait plus que vous fassiez un malaise hypoglycémique en plus d'un malaise vagal (dû à l'émotion). Reposez-vous quelques instants (mais pas trop longtemps) jusqu'à ce que vous vous sentiez capable de retourner en salle d'accouchement.

Paroles de papa

« Avant même que le bébé ne sorte, l'infirmière m'a demandé : vous voulez le voir ? Je suis passé de l'autre côté et j'ai vu son crâne, alors que le reste du corps n'était pas encore sorti. Mon bébé était encore dedans et déjà un peu dehors. C'est quelque chose que je n'ai pas pu expérimenter pendant la grossesse. Cela a été pour moi le moment le plus fort de l'accouchement. »

Tristan, papa d'Augustin

31. Et si je n'ai pas envie d'assister à l'accouchement ?

Vous pouvez choisir de ne pas assister à la naissance de votre enfant, soit par peur, soit pour des raisons culturelles. Certains hommes ont en effet peur de ne pas supporter la souffrance de leur compagne, d'autres craignent que le fait d'assister à l'accouchement par voie naturelle ne perturbe leur future vie sexuelle. C'est votre choix. Vous pouvez toutefois rester aux côtés de la future maman pendant le début du travail, pour la soutenir et la rassurer autant que possible, et vous éclipser ensuite, au moment de l'expulsion du bébé, étape la plus impressionnante (mais aussi la plus émouvante).

Quel que soit votre choix, il est important d'en parler ensemble, avec la future maman, au préalable. Ainsi, votre départ de la salle d'accouchement ne la surprendra pas, et ne sera pas une source de stress supplémentaire pour elle. N'ayez pas d'inquiétude : le fait que vous soyez absent au moment de la naissance n'influencera pas du tout le lien qui vous unira à votre enfant.
Par ailleurs, certaines femmes préfèrent que leur mari n'assiste pas à l'accouchement par pudeur ou par peur de leurs réactions respectives. Dans ce cas, vous pouvez exprimer ce que vous ressentez, mais respectez la volonté de votre compagne. Ne vous sentez pas exclu ni blessé. Certes, ce n'est pas toujours facile mais vous aurez tout oublié dès que vous aurez votre bébé dans les bras.

32. Quel est mon rôle en salle de travail ?

Pendant le travail, les futures mères veulent qu'on prenne soin d'elles, qu'une personne reste à leurs côtés pour les aider et leur expliquer la façon dont l'accouchement évolue et soulager leurs douleurs. Lorsque les femmes sont bien entourées, le travail est plus rapide, l'usage des analgésiques et des tranquillisants est moins important, tout comme la pratique de la césarienne*, et la naissance est plus rapide. Voilà pourquoi votre rôle est essentiel !

- **Soutenez la maman en restant à ses côtés.** Certaines femmes aiment sentir le contact physique de leur conjoint, sentir qu'on leur tient la main ou qu'on leur caresse le visage (et d'autres non !). Ce contact est une manière de communiquer, de lui prouver qu'elle n'est pas seule. Si elle n'en veut pas, inutile d'insister. Parlez-lui (mais pas trop), d'une voix assurée, et encouragez-la.
- **Aidez-la à trouver une position confortable.** Agissez en fonction de ses souhaits et de ses besoins. Aidez-la à changer régulièrement de position afin qu'elle n'ait pas mal au dos. Calez certaines parties de son corps avec des serviettes ou des couvertures repliées, ou avec des oreillers. Incitez-la, si elle le peut, à se lever et à faire quelques pas. Dans certains établissements, des ballons de maternité (gros ballons remplis d'air) sont mis à la disposition des futures mamans : elles peuvent s'asseoir dessus, et cela leur permet de mieux supporter les contractions.
- **Aidez-la à faire sa toilette,** car les futures mamans ne contrôlent plus leur vessie ni leurs intestins pendant le travail. Certaines femmes, par pudeur, préfèrent en effet que ce soit leur conjoint qui s'en occupe, et non une personne qu'elles ne connaissent pas du tout.

- **Rafraîchissez-la** en passant sur son visage un gant de toilette humide ou en utilisant un brumisateur d'eau minérale. Éventez-la. Humectez-lui les lèvres et faites-la boire de l'eau (en petite quantité) ou sucer un glaçon. Proposez-lui un baume à lèvres si besoin… Bref, soyez aux petits soins !
- **Veillez à ce qu'elle urine régulièrement** (mais pour cela, vous serez aidé par la sage-femme), toutes les heures environ, car une vessie pleine peut ralentir le travail.
- Pour l'aider à mieux supporter les contractions, **vous pouvez lui masser le bas du dos** en lui demandant de se tourner sur le côté entre deux contractions. En cas de douleur dans le dos ou de crampes, appliquez des compresses d'eau chaude sur les zones concernées (dos, cuisses…).
- **Aidez-la à se détendre grâce à des petits exercices de relaxation**, éventuellement (avec l'accord du personnel soignant) de la musique en salle de naissance. Plus la future maman sera détendue, moins le travail sera douloureux et mieux il se déroulera. Vous pouvez aussi lui demander de contracter tous les muscles en partant du haut du corps, jusqu'aux orteils, puis de les relâcher : c'est un bon moyen pour se relaxer.
- **Veillez aussi à ce qu'elle puisse se reposer entre deux contractions**, afin qu'il lui reste

suffisamment de forces et d'énergie pour pousser au moment de l'expulsion.

- **Aidez-la à bien respirer**. Durant la préparation à l'accouchement, votre compagne a travaillé la technique respiratoire de son choix, peut-être avec vous. Durant le travail aidez-la à se concentrer pour qu'elle respire profondément au début de la contraction, et qu'elle expire à fond au moment où la contraction est la plus intense.
- **Respectez son intimité** : certaines femmes préfèrent être nues pendant le travail, d'autres habillées ou couvertes. Respectez son choix.
- **Encouragez-la, réconfortez-la** en disant que le travail progresse et qu'elle pourra bientôt serrer son bébé contre elle.

Les choses à ne pas faire en salle d'accouchement

Portés par l'excitation du moment, certains papas peuvent avoir des attitudes inadéquates comme :

- **Gesticuler dans tous les sens.** Si on vous dit de rester à telle place, restez-y et évitez de parcourir la pièce de long en large. Vous risquez de gêner le travail de l'équipe médicale et de stresser la future maman.

• **Prendre des photos à tout bout de champ ou filmer tout l'accouchement en vous mettant aux premières loges.** À éviter également (pour les mêmes raisons que précédemment) sauf si, bien sûr, c'est la maman qui vous le demande. Dans tous les cas, demandez toujours l'accord de l'équipe médicale avant : c'est un accouchement, pas un spectacle.

• **Perdre son sang-froid.** Il est important que vous restiez calme : la future maman a besoin de sentir que vous assurez, et qu'elle peut compter sur vous. Si vous commencez à paniquer, mieux vaut vous asseoir pour respirer un grand coup ou sortir quelques instants de la salle. La future maman a mieux à faire que de s'occuper de vous !

Paroles de papa

« Lors de la naissance de Sara, la sage-femme m'a même dit qu'elle ne voyait pas souvent des papas aussi impliqués que moi. J'ai appliqué tous les conseils que j'avais reçus lors des cours de préparation à la naissance. J'étais vraiment là en soutien pour encourager ma femme, pour la soutenir… J'étais en permanence à côté d'elle, je lui tenais la main. Il est vrai que l'accouchement a été assez rapide, ça aide ! »

Cédric, papa de Sara, Emma et Éléonore

33. Comment profiter au mieux des tout premiers instants avec mon bébé ?

Votre bébé est enfin né. Après l'expulsion, vous pourrez, si vous en avez envie, couper le cordon ombilical. Rassurez-vous : vous ne ferez pas ce geste seul, mais serez guidé par la sage-femme. Si vous ne le souhaitez pas, rien ne vous y oblige !

Paroles de papa

« J'ai systématiquement coupé le cordon à chaque accouchement. C'était un choix mûrement réfléchi dont nous avions discuté tous les deux. Pour moi, c'est symbolique : une forme de séparation entre la mère et l'enfant pour qu'il puisse prendre sa nature propre. C'était comme si je coupais le lien entre le passé de la mère et le futur de l'enfant. »

Cédric, papa de Sara, Emma et Éléonore

Une fois que votre bout de chou est né, vous pouvez le prendre pour le placer sur le ventre de la maman. Profitez de ces premiers moments magiques pour tous les trois : après de longues heures de tension, la pression retombe d'un seul coup et vous êtes comme sur un petit nuage. Si la maman a choisi l'allaitement, votre bébé peut être mis au sein tout de suite (cela dépend des maternités). Vous pouvez aussi prendre votre bébé en « peau-à-peau », c'est-à-dire sa peau nue contre la vôtre. Dans certaines maternités d'ailleurs, cela fait même partie du protocole des soins administrés au nouveau-né. Ça réchauffe le bébé et c'est une bonne façon de faire connaissance. Un moment émouvant et magique à ne pas rater. Une fois cette parenthèse terminée, votre bébé sera emmené hors de la salle de naissance pour des premiers soins, dans une autre salle toute proche : il sera pesé, mesuré et subira quelques autres petits examens. La puéricultrice vous invitera sûrement à venir avec elle. Votre femme, elle, reste en salle de naissance pour recevoir également des soins.

À noter :

- **N'hésitez pas à filmer ces premiers instants, notamment la première pesée de votre bébé.** La maman, qui n'assiste pas à ces examens, sera heureuse de pouvoir voir ces images par la suite…
- Manipulations pour dégager les bronches, sonde dans le nez (pour vérifier la perméabilité des fosses nasales), gouttes dans les yeux… si vous êtes un peu sensible, **vous n'êtes pas obligé d'assister à tout.** Expliquez simplement à la puéricultrice que vous sortez quelques minutes.

- Après les soins, le bébé est habillé avec sa toute première tenue. Vous pouvez laisser faire la puéricultrice (et apprendre avec elles les bons gestes) ou bien, si vous vous sentez à l'aise, **habiller vous-même votre bébé.**

Une fois les premiers examens terminés et votre bébé habillé, vous retournez avec lui dans la salle de naissance, ou directement dans la chambre où a été installée votre compagne. Vous avez alors du temps devant vous pour profiter tous les deux de ce bébé que vous avez attendu pendant neuf mois. Mais n'oubliez pas que votre compagne est sûrement assez fatiguée de son accouchement. Laissez-la se reposer et n'hésitez pas à rentrer chez vous pour faire un somme, vous changer, vous restaurer, bref, reprendre des forces vous aussi. Avant de partir, assurez-vous qu'elle ne manque rien. Vous reviendrez dans quelques heures…

34. Comment ça se passe en cas de césarienne ?*

Il existe deux grands types d'accouchement :

- **l'accouchement par voie basse**, c'est-à-dire par les voies naturelles (environ 8 accouchements sur 10) ;

- et **la césarienne**, qui est une opération chirurgicale, le plus souvent sous anesthésie locorégionale (plus rarement sous anesthésie générale).

Cette césarienne peut être programmée, notamment quand on sait, dès la grossesse, que le travail risque de mettre en danger la vie de la mère et de l'enfant. Une date est alors fixée. Elle est envisagée dans les cas suivants :

- Si la maman a déjà accouché par césarienne lors d'une précédente grossesse (ce que l'on appelle un « utérus cicatriciel »).
- Quand le bébé se présente dans une position autre que céphalique (c'est-à-dire la tête en bas), par le siège par exemple (soit la tête en haut). L'échographie du huitième mois permet de le savoir, et la décision de la césarienne est généralement prise à ce moment-là, même si le bébé a encore le temps de se retourner.
- Lorsque le bassin de la maman est trop étroit par rapport à la tête du bébé (on parle de « disproportion fœto-pelvienne* »).
- Quand une pathologie de la mère ou du bébé risque de s'aggraver en cas d'accouchement par voie basse (par exemple une malformation utérine ou un trouble de la coagulation suspecté chez le bébé).

- En cas de naissances multiples, même s'il est tout à fait possible d'accoucher de jumeaux par les voies naturelles.
- Dans certains cas, notamment dans les cliniques privées, la césarienne peut aussi être un choix personnel de la future maman. Celui-ci peut être motivé par de multiples raisons, notamment la peur de l'accouchement par voie basse.

Dans d'autres cas, la césarienne peut être envisagée quand un problème imprévu survient avant ou pendant le travail. Il faut alors effectuer une césarienne en urgence. Dans ce cas, le temps imparti ne permet pas de s'y préparer psychologiquement. Une anesthésie générale est parfois suggérée, voire imposée par l'anesthésiste.
En pratique, comment se passe une césarienne ? Nous n'allons pas entrer dans le détail de l'opération (car il s'agit bien d'une opération chirurgicale), mais voici les principales informations qui peuvent vous être utiles.

- Comme pour tout autre anesthésie, la future maman doit être à jeun dans les huit heures qui précèdent l'opération. Assurez-vous qu'elle respecte bien cette consigne.
- Elle est ensuite admise à la maternité au minimum deux heures avant la césarienne.
- Généralement, l'anesthésie est locale (péridurale* ou rachianesthésie) : elle insensibilise,

à partir de la taille, la moitié inférieure du corps. Elle permet donc à la maman de rester consciente et d'assister à la naissance.

- Certaines maternités autorisent la présence du papa dans le bloc opératoire (avec toutes les précautions qui s'imposent), mais cela reste assez rare. Dans tous les cas, n'hésitez pas à le demander. En cas de césarienne en urgence, en revanche, celle-ci n'est pas possible. Vous devrez donc patienter à l'extérieur.
- La césarienne en elle-même est rapide : comptez une dizaine de minutes entre l'incision et la sortie du bébé. Puis une trentaine de minutes, voire un peu plus, pour « recoudre » la maman.
- Une fois l'opération terminée, on vous apportera le bébé dans les quelques minutes qui suivent. Dès qu'elle sera en état de le faire, la maman pourra ensuite prendre son bébé dans ses bras et lui donner le sein.
- Sachez aussi que le séjour à la maternité est plus long que lors d'un accouchement par voie basse : en moyenne six à sept jours. Pendant ces quelques jours, la maman devra bien se reposer et éviter les efforts trop importants pour ne pas gêner la cicatrisation.

Partie 2

BIENVENUE DANS VOTRE NOUVELLE VIE... DE PAPA !

Ça y est : vous êtes papa : toutes nos félicitations ! Une fois remis de vos émotions, vous allez devoir rapidement prendre les choses en main pour vous occuper de votre bébé et de la jeune maman. Voici toutes les clés pour assurer comme un pro les premiers jours... et les suivants !

Chapitre 1
LES PREMIERS JOURS AVEC BÉBÉ

35. Ma compagne et mon bébé sont à la maternité : et moi je fais quoi ?

Le plus souvent, le jeune papa qui vient d'avoir un bébé dispose de trois jours de congé accordés par son entreprise pour la naissance de son enfant. Celui-ci comprend en général le jour de l'accouchement et les deux jours qui suivent. Ces jours sont souvent très intenses car il vous faut gérer de nombreuses choses : l'arrivée du bébé, les suites de l'accouchement (pour vous aussi, cela a pu être éprouvant !), l'annonce de la bonne nouvelle à tous vos proches… **Votre priorité n° 1 pendant ces trois jours où la maman et Bébé sont à la maternité est donc de vous reposer**. Vous aurez peut-être envie d'aller fêter l'événement avec quelques amis, mais attention aux excès ! N'oubliez pas que vous devez vous aussi récupérer. De plus, ce sera peut-être la dernière fois que vous ferez une nuit complète avant longtemps ! Pensez aussi que vous devez être frais et dispos quand vous rendrez visite à votre compagne et à votre bébé, et quand ils rentreront à la maison (d'ailleurs, n'oubliez pas que vous avez quelques petites choses à préparer avant, voir p. 148).

36. Comment gérer les visites ?

Pendant le séjour à la maternité de votre femme et de votre bébé, vous avez une autre mission essentielle : gérer les visites. C'est un rôle délicat mais crucial, car votre compagne a besoin de se reposer.

Si la maman est sûre, avant même le jour de l'accouchement, de ne pas avoir envie de trop de visites, c'est à vous de passer le mot à vos proches en leur expliquant, dès l'annonce de la naissance, que vous les verrez tranquillement quand toute la petite famille sera de retour à la maison.

Si l'accouchement a été long et difficile, vous pouvez aussi prendre l'initiative de limiter les visites afin que la jeune maman se repose au maximum.

Si, au contraire, la maman est en pleine forme et a envie de présenter son bébé à tout le monde, vous devrez quand même poser quelques limites. La succession des visites pendant le séjour à la maternité est souvent assez éprouvante. Entre les soins (de la maman et du bébé), les tétées ou les biberons, les pleurs et les nuits courtes, il ne reste plus beaucoup de temps pour le repos et les moments en tête-à-tête avec Bébé pour faire connaissance. **Voilà pourquoi le nombre et la durée des visites doivent être limités.** Dans la plupart des maternités, les visites ne sont possibles que l'après-midi car le matin est consacré aux soins et au repos. D'une maternité à l'autre, le nombre de visiteurs autorisé par chambre varie. Les enfants en bas âge ne sont pas admis, sauf évidemment la fratrie. En théorie, le jour le plus approprié pour les visites est le quatrième jour. Le premier jour, celui de l'accouchement, est trop éprouvant ; le deuxième est consacré à la découverte du bébé ; le troisième, c'est généralement celui où apparaît le *baby blues** (la jeune maman est en larmes et déprimée, ce n'est pas forcément le meilleur moment pour elle de recevoir des visites !). Reste à savoir si elle sera encore à la maternité le quatrième jour…

À noter :

- Si vous n'osez pas limiter ou interdire les visites, vous pouvez faire passer le message aux sages-femmes, afin qu'elles indiquent sur la porte que les visites ne sont pas autorisées, ou qu'elles doivent être courtes. Ou informer le standard téléphonique de la maternité ou l'accueil afin qu'ils relaient l'information. Mais en général, les proches préviennent de leur venue, et il sera toujours possible de leur dire qu'il vaut mieux attendre un peu…

- Pour ménager les susceptibilités de vos proches qui se sentiraient frustrés de ne pas faire de visites, vous pouvez leur adresser par mail des photos du bébé afin de les faire patienter.
- Pour éviter la succession des visites après la sortie de la maternité, vous pouvez aussi prévoir d'organiser une petite « réunion » avec tous vos amis. Ainsi vous recevrez tout le monde en même temps pendant quelques heures, et pas une seule personne à la fois sur plusieurs jours, ce qui peut être plus fatigant.

37. Comment préparer le retour à la maison ?

Pendant que votre compagne et votre bébé sont à la maternité, votre rôle est aussi de vous assurer que tout soit en ordre quand ils seront de retour. La jeune maman sera ravie de rentrer chez elle, et elle le sera d'autant plus si la maison est en ordre et le réfrigérateur rempli. En effet, les premiers jours, elle devra gérer la fatigue et vous devrez, ensemble, prendre vos marques avec votre bébé. Un moment pas toujours évident à vivre ! D'où l'importance de se simplifier la vie : pendant quelques jours, les tâches ménagères (courses, ménage...) ne seront vraiment pas votre priorité. Voilà pourquoi il est important de s'organiser en amont, et c'est votre mission !

- **Assurez-vous que la maison en ordre** : les poubelles vidées, le linge sale lavé, plié et rangé (attention aux chaussettes sales que vous auriez pu laisser traîner), la vaisselle faite... Dans votre chambre, changez les draps, faites un peu de rangement... Votre compagne sera ravie de retrouver un endroit zen où elle pourra se reposer. Si vous n'avez pas le temps de briquer la maison de fond en comble, n'hésitez pas à faire appel à une aide-ménagère (que vous pourrez même garder quelques semaines si vous en avez la possibilité).
- **Profitez de vos quelques jours de célibataire pour faire les petits bricolages qui traînent depuis des mois** : changer l'ampoule d'un des spots de la salle de bains, poser des étagères dans votre chambre, fixer le miroir dans l'entrée... Votre compagne sera ravie.
- **Pensez aussi à vérifier la chambre de Bébé.** Son lit est-il fait ? N'hésitez pas à aérer chaque jour la pièce pendant au moins 15 minutes, surtout si vous venez d'y faire les peintures ou d'y installer de nouveaux meubles (pour limiter la pollution de l'air ambiant). Le jour de leur

retour, assurez-vous qu'il n'y fait ni trop chaud ni trop froid. Votre bébé ne dormira peut-être pas tout de suite dans sa chambre, mais vous utiliserez sûrement cette pièce pour le changer. Assurez-vous aussi que tout le matériel est prêt : les couches, les disques de coton pour le change, du liniment, du sérum physiologique, de l'eau minérale pour les biberons (si votre compagne n'allaite pas)...

- **Faites les courses !** Les premiers jours, vous n'aurez sûrement pas le temps – ni l'énergie – de les faire, ou de passer des heures en cuisine. Privilégiez des produits simples et faciles à préparer. N'hésitez pas à remplir le congélateur de bons petits plats tout prêts qui vous faciliteront le quotidien immédiat.
- **Pensez aux petites attentions**, cela lui fera plaisir. Déposez un bouquet de fleurs sur la table du salon ou prévoyez de lui offrir un petit cadeau : un bijou, un joli foulard... N'hésitez pas à préparer le premier repas : après neuf mois de « privations », votre femme sera peut-être ravie de manger des sushis ou du fromage au lait cru. Vous devriez savoir ce qui lui ferait plaisir. Et si elle n'allaite pas, pourquoi ne pas prévoir une coupe de champagne pour fêter l'événement ?
- **Si vous prévoyez d'aller chercher votre compagne en voiture**, n'oubliez pas d'installer le siège-auto ou la nacelle. Si votre voiture en a

besoin, pensez à lui offrir un grand nettoyage (intérieur et extérieur). Rien de mieux qu'une voiture qui sent le propre pour transporter un nouveau-né !

Sachez que, pour vous accompagner dans ce moment, vous pourrez bénéficier du Prado maternité (Protocole de retour à domicile). Ce protocole est proposé en priorité aux mamans quittant la maternité dans le cadre d'une sortie précoce (dans les 24 à 72 heures après un accouchement par voie basse, ou dans les 96 heures après une césarienne). Dans ce cadre, une sage-femme rend visite à domicile à la jeune mère et à son bébé, afin de les examiner, deux ou trois fois entre la sortie de la maternité et la première consultation chez le pédiatre.

38. Mon bébé est prématuré : ça change quoi ?

Chaque année en France, environ 65 000 bébés, soit 8 % des enfants[1], naissent prématurément, c'est-à-dire plus d'un mois avant le terme (moins de 37 semaines d'aménorrhée*). Parmi ces bébés prématurés, on distingue trois grands stades :

1. Source : SOS Préma.

- les prématurés moyens, nés entre 33 et 36 SA + 6 jours ;
- les grands prématurés, nés entre 28 et 32 SA + 6 jours ;
- et les très grands prématurés, nés avant 28 SA.

Dans certains cas, le risque de prématurité est prévisible. Par exemple, s'il s'agit de jumeaux, ou plus encore de triplés, la probabilité qu'ils naissent avant terme est plus grande, et vous en êtes informé pendant la grossesse. Le risque est aussi plus important en cas de procréation médicalement assistée (insémination artificielle, FIV, ICSI) ou si la future maman souffre d'hypertension artérielle, de diabète, si le col de l'utérus est trop ouvert… Dans ce cas, un suivi particulier est mis en place afin d'assurer le bon déroulement de la grossesse. Mais parfois, la naissance arrive beaucoup plus tôt que prévu, sans aucun signe annonciateur. Que vous soyez dans l'un ou l'autre cas, rassurez-vous : aujourd'hui, il existe des équipes médicales spécialisées dans les soins à apporter à ces bébés nés un peu trop tôt ; les progrès de la médecine permettent de leur apporter tout ce dont ils ont besoin pour se développer normalement et surtout de prendre en charge les différentes complications liées à la prématurité. Une grande majorité de prématurés grandissent comme tous les autres enfants, mais certains, surtout les grands et les très grands prématurés, peuvent présenter des séquelles (retard psychomoteur, anomalies sensorielles, difficultés d'apprentissage scolaire...). D'où l'importance d'un suivi rapproché dès la naissance.

Si votre bébé est prématuré, il doit rester quelques jours dans le service de néonatalogie de la maternité afin de recevoir un certain nombre de soins particuliers : le retour à la maison se fera un peu plus tard, une fois que son état de santé le permettra. En effet, ses organes vitaux ne sont pas encore totalement matures et il a besoin d'une assistance médicale pour respirer, s'alimenter ou encore maintenir sa température, surtout s'il s'agit d'un grand ou d'un très grand prématuré. Il est placé dans un incubateur (ou « couveuse ») chauffé qui reproduit au mieux les conditions de l'utérus, afin qu'il poursuive et termine son développement comme s'il était toujours dans le ventre de sa maman. Si son état le permet, vous pourrez le toucher en passant votre main dans l'incubateur, en respectant bien les conditions d'asepsie (qui seront expliquées par l'équipe médicale) car son système immunitaire est fragile, sensible à la moindre infection. Toujours si son état le permet, vous pourrez aussi le prendre contre vous en peau-à-peau afin de le caresser, le réconforter, le rassurer (les soins médicaux ne sont pas toujours très agréables et un bébé prématuré est particulièrement sensible à la douleur) et de nouer les premiers liens d'attachement.

Sa respiration est particulièrement surveillée, car son système respiratoire est encore immature. Il est nourri soit par une sonde gastrique, soit par perfusion (pour les grands et les très grands prématurés), car il n'a pas encore le réflexe de succion, soit au sein de sa maman (l'allaitement maternel est souvent encouragé dans ce cas, car le lait maternel est ce qui convient le mieux au bébé). Il peut aussi recevoir du lait maternel par la sonde gastrique.

Le rôle du papa est essentiel lorsque le bébé naît prématurément. En effet, le nouveau-né prématuré est rapidement installé dans une couveuse pour recevoir des soins et la maman, surtout si elle a eu une césarienne*, ne peut pas lui rendre visite tout de suite. Le père a donc pour mission de faire le lien entre les deux, en rassurant la maman d'une part, et en entrant en contact avec son bébé d'autre part.

Le retour à la maison pourra se faire dès que votre bébé aura suffisamment grossi, que ses fonctions essentielles auront gagné en maturité (poumons, reins), et que son état de santé le permettra : cela peut prendre quelques jours ou plusieurs semaines. L'équipe médicale vous tiendra informés sur l'évolution de son état de santé. Pendant toute cette période, les jeunes parents peuvent rendre visite à leur enfant et participer aux soins. Entre les visites, prenez soin de vous reposer, vous et votre compagne, car cela peut être une période éprouvante. Et surtout rassurez-vous : votre bébé est entre de bonnes mains. Les bébés prématurés restant plus fragiles que les autres, il est important de les protéger davantage, sans toutefois les surprotéger. Une fois passé le cap de la première année, ce sont des bébés comme les autres. Soyez particulièrement vigilant sur son environnement (aérez la maison tous les jours, ne surchauffez pas sa chambre…). Si votre compagne allaite votre bébé, votre pédiatre vous conseillera peut-être de lui donner des compléments au biberon. S'il n'est pas allaité, il devra boire un lait enrichi, que l'on appelle un lait « pré », jusqu'à ce qu'il atteigne le poids de 3 kg. Sachez aussi que, une fois sorti de la maternité, votre bébé bénéficiera d'un suivi médical de quelques mois ou de quelques années afin de vérifier que son développement se passe bien. Certaines associations spécialisées (comme SOS Préma) sont à l'écoute des parents pour répondre à leurs questions et les conseiller : n'hésitez pas à les contacter. Un certain nombre de pédiatres « pilotes », aussi bien libéraux qu'hospitaliers, sont spécialisés dans la prise en charge des enfants nés prématurément, et assurent un suivi rapproché jusqu'à l'âge de sept ans.

39. Pourquoi mon bébé pleure sans arrêt ?

Les nouveau-nés n'ont qu'un seul et unique moyen d'expression : les pleurs. Ils ne savent pas encore sourire ni faire des gazouillis : il vous faudra patienter quelques semaines pour découvrir ces autres modes d'expression. En attendant, les pleurs seront votre lot quotidien. Un bébé peut pleurer pour des raisons différentes : parce qu'il a faim, sommeil, besoin d'être changé parce qu'il a mal (en particulier au ventre) ou quand il veut être pris dans les bras. Au début, c'est très difficile pour les nouveaux parents de savoir à quoi sont dus les pleurs. Mais, très vite, l'instinct maternel et paternel va faire que la durée et l'intensité de chaque pleur pourront être interprétées avec justesse. Si votre bébé pleure, ne vous dites pas que c'est parce que quelque chose ne va pas. Les parents sont souvent surpris quand leur bébé pleure alors qu'il est repu et que sa couche est sèche. Un bébé peut juste avoir besoin des bras, d'être câliné, rassuré, consolé, et il n'a qu'une seule façon de vous le faire savoir : en pleurant ! Retenez qu'un bébé qui pleure n'est pas forcément malheureux ou n'a pas forcément mal (les coliques ne sont que l'une des causes parmi d'autres des pleurs, voir p. 158). Ne devenez pas des parents esclaves en le prenant constamment dans vos bras ! Si vous estimez que Bébé a été câliné, que son estomac est plein et que sa couche est sèche, n'hésitez pas, après avoir en vain essayé de le calmer en le prenant dans vos bras, à le coucher et à vous éloigner de lui. Ne le gardez pas sans arrêt dans vos bras, car vous risqueriez de le prendre 20 heures sur 24 les premiers jours, ce qui serait épuisant et évidemment irréalisable. N'ayez aucune culpabilité si, malgré tous vos soins, il continue à pleurer et si vous avez envie parfois de le coucher et de vous éloigner de lui pour ne plus l'entendre. C'est tout à fait humain ! Bien des enfants voient leurs pleurs calmés par la tétine. Mais si vous la lui proposez systématiquement pour ne plus l'entendre pleurer, de façon univoque face à des demandes différentes, vous entendrez beaucoup moins pleurer votre bébé mais en même temps vous n'apprendrez pas à interpréter ses pleurs. Et de plus, vous le rendrez « accro » à la tétine. Ces pleurs sont souvent difficiles à supporter du fait de leur intensité et de leur durée, mais très vite, au bout de quelques semaines, ils vont diminuer en durée et en intensité au fur et à mesure que Bébé saura s'exprimer par le sourire et les gazouillis. À six semaines environ, votre bébé pleurera moins longtemps et moins souvent et vous pourrez mieux communiquer avec lui en lui parlant. Vous constaterez aussi qu'il sera capable d'émettre un sourire réponse ou un gazouillis réponse. Vous serez alors entièrement rassuré et les quelques pleurs qu'il continuera à émettre ne vous poseront pas de problème : vous connaîtrez alors bien mieux votre bébé et vous saurez qu'il pleure parce qu'il a faim, parce qu'il a encore un peu mal au ventre, ou parce qu'il a besoin d'être changé… Vous saurez bien mieux interpréter la signification de ses pleurs et la partie sera gagnée : vous serez devenus des parents expérimentés.

40. Il pleure beaucoup : et si c'était des coliques ?

Certains bébés peuvent pleurer longuement, surtout en fin de journée, ce qui peut être angoissant et déstabilisant pour les parents. On emploie alors généralement le terme de « coliques du nourrisson ». Ce terme n'a pas la même signification pour tous les spécialistes. Pour certains, ce sont des pleurs isolés ; pour d'autres, il s'agit de pleurs spécifiquement liés à des douleurs abdominales localisées au niveau du tube digestif, et du côlon en particulier. Ce sont des crises douloureuses abdominales spasmodiques dues à une contraction des muscles autour du gros intestin. Rien à voir donc avec le terme de diarrhée même si, dans le langage courant, on dit fréquemment « il a la colique » pour signifier « il a la diarrhée ».

Il faut savoir que le système digestif des nouveau-nés à la naissance est immature. Cela se traduit par quatre symptômes d'immaturité digestive :

- des rots tardifs et irréguliers ;
- un hoquet fréquent ;
- des remontées de lait, qu'il s'agisse de renvois (on sent que le lait « remonte » mais n'atteint pas la bouche) ou de régurgitations (bébé recrache une partie de son lait) ;
- des coliques, crises douloureuses abdominales avec, souvent, émission de gaz et abdomen « ballonné ».

Dans la majorité des cas, ces coliques surviennent en fin de journée, et peuvent durer trois heures, voire plus : ce sont les fameux « pleurs du soir », entre 18 heures et minuit. Bébé a bu, il est propre, vous l'avez câliné et malgré tout il continue à pleurer, semble souffrir, son visage est rouge, il serre ses poings, son front est plissé, ses cuisses sont repliées sur son ventre, qui est souvent ballonné avec émission de gaz. Selon la définition pédiatrique[1], on peut parler de coliques chez un bébé (indemne d'autres maladies et sans autre cause évidente de pleurs) qui pleure plus

1. Critères de Rome, Hyman P.E. et al., *Childhood functional gastrointestinal disorders: neonate/toddler, Gastroenterology*, 2006.

de trois heures par jour pendant plus de trois jours par semaine depuis plus d'une semaine. Ces pleurs débutent vers l'âge de trois semaines et atteignent leur apogée vers six semaines de vie. En général, ils s'atténuent puis disparaissent vers trois ou quatre mois : il faut donc passer ce cap.

Coliques ou angoisses du soir ?

On explique souvent ce phénomène par les angoisses que manifeste le nourrisson à l'arrivée de la nuit, mais c'est une hypothèse peu vraisemblable. Le soir est en effet une période normale d'activité du nouveau-né. Quand on enregistre l'activité physique et cérébrale d'un fœtus, on retrouve déjà cette phase d'activité entre 18-20 heures et minuit. Lors de la grossesse, la plupart des futures mamans ressentent bien que leur bébé, dans leur ventre, est agité pendant cette plage horaire, au moment où elles se couchent. Après la naissance, c'est la même chose, le son en plus !

41. Que faire en cas de coliques ?

Quelques réflexes simples peuvent aider à soulager votre bébé.

- Il ne sert à rien de changer son lait (sauf en cas d'intolérance aux protéines de lait de vache ou au lactose, ou encore en cas de constipation). Mais sachez que **certains probiotiques** peuvent soulager les enfants nourris au lait artificiel. Il s'agit de « bonnes » bactéries ajoutées à l'alimentation dans le but de modifier légèrement la flore intestinale de votre bébé, afin de la rendre plus proche de celle d'un enfant nourri au sein. On a constaté que les enfants nourris au sein souffrent moins de coliques que les enfants qui prennent du lait artificiel.
- **Les câlins** sont la solution la plus efficace : prenez votre bébé dans vos bras, bercez-le, faites du peau-à-peau, parlez-lui, chantez-lui des berceuses, promenez-le dans son landau... Portez-le en écharpe quand vous vaquez à vos occupations. Alternez ces câlins avec des moments où vous le laissez pleurer un peu seul dans son petit lit, installé à vos côtés, en attendant qu'il s'endorme. La présence de la maman et l'attention des deux parents restent la méthode la plus efficace pour apaiser un bébé. Votre bébé a besoin de vous, et de se sentir proche de vous.

- **Le bain** est aussi un moment de douceur et de complicité qui peut calmer votre bébé. Vous pouvez aussi en profiter pour masser son abdomen dans le sens des aiguilles d'une montre, en appuyant doucement, pendant deux à trois minutes. Cela va l'aider à émettre les gaz dans le bain et le soulager.
- **La tétine** peut être une bonne solution à condition de ne pas prolonger son usage après trois ou quatre mois quand cette période de cris sera résolue afin de ne pas rendre l'enfant accro (voir aussi p. 165).
- **Vérifiez également que votre enfant dort bien**, que son rythme de sommeil est adapté à son stade de croissance, qu'il mange bien, n'a pas de difficulté à téter. Au moindre doute, votre pédiatre sera là pour vous conseiller.
- Il n'existe pas de **médicaments** spécifiques pour calmer les coliques. Mais certains, comme le Débridat, peuvent diminuer les spasmes douloureux du côlon. Citons aussi le julep gommeux*, un très vieux médicament à base d'eau de chaux et de gomme arabique. Cette préparation faite par le pharmacien limite l'acidité de l'estomac et donc diminue l'intensité et la durée des coliques. On peut également citer le calmosine (boisson sucrée à l'aneth).
- **Restez zen !** L'anxiété transmise par les parents devant des pleurs incessants peut aussi être un facteur favorisant la persistance des coliques.

85 à 90 % des premiers-nés ont des coliques alors qu'elles ne surviennent que chez 30 à 40 % des deuxième ou troisième enfants de la fratrie. Ce qui prouve bien que l'anxiété (maternelle en particulier) a un rôle primordial dans la pérennisation de ces coliques. Il est certes question de la relation mère-enfant, mais votre présence de papa est toujours très importante. Vous avez un rôle majeur à jouer dans le duo mère-enfant, ne serait-ce que par votre capacité à rassurer votre compagne quand elle est très inquiète, comme beaucoup de mamans, par le fait d'entendre ces pleurs répétés.

42. *Quelles sont les autres causes de pleurs excessifs chez un tout-petit (hormis les coliques) ?*

Tous les pleurs excessifs du nourrisson ne sont pas forcément des coliques. Il vous faudra donc apprendre à distinguer ces coliques, physiologiques, des autres causes.

- Si votre bébé pleure juste après le repas, il peut s'agir d'un **réflexe gastrocolique**. C'est un réflexe normal lorsque l'estomac se remplit d'un seul coup, il peut y avoir une accélération des mouvements de la paroi intestinale en particulier au niveau du côlon, ce qui peut entraîner des douleurs et l'émission d'une selle après le repas. Ce réflexe peut, chez certains enfants, être exagéré et devenir douloureux, surtout si l'enfant est goulu et qu'il avale beaucoup d'air en buvant son lait sans faire de pause ni de rot.

- Bébé peut aussi pleurer de façon rythmée avec les repas **lorsque sa satiété n'est pas satisfaite**, lorsque la maman n'a pas assez de lait par exemple ou quand les quantités de lait proposées au biberon sont insuffisantes par rapport à l'âge et au poids et au volume de l'estomac du bébé. Il peut aussi, tout simplement, avoir encore envie de téter (voir p. 165).
- Votre bébé peut avoir **des difficultés à digérer le lactose**, le sucre essentiel du lait maternel et du lait artificiel. Cette mauvaise digestion est souvent responsable de pleurs qui surviennent 20 à 30 minutes après la tétée ou le biberon. Ils s'accompagnent de ballonnements abdominaux, d'émissions de gaz et parfois de selles liquides et acides. Plus rarement, l'allergie aux protéines de lait de vache peut être en cause : elle peut se manifester par des signes cliniques très divers, dont des pleurs qui surviennent plus ou moins rapidement après le biberon. Dans les deux cas, votre pédiatre vous conseillera sur la conduite à tenir, en choisissant notamment un lait approprié.

- Si les pleurs surviennent à toute heure du jour ou de la nuit, on peut penser à un **reflux gastro-œsophagien (RGO)*** ou à une **constipation**. Parlez-en à votre pédiatre.

Quand ces pleurs sont anormalement aigus et anormalement fréquents, et si vous n'avez pas décelé de causes digestives, parlez-en à votre pédiatre. Sachez que, la plupart du temps, ces pleurs n'ont pas de cause médicale. Ils correspondent simplement à une période d'adaptation difficile du nouveau-né : on parle alors de **troubles fonctionnels**. Il faut veiller à ce que cela ne crée pas de problème dans la relation affective entre la maman, le papa et le bébé. Cela peut être d'autant plus perturbant que la situation familiale ou sociale est compliquée ou si vous ou votre compagne avez des difficultés psychologiques. Il est important de consulter si vous vous sentez angoissé. Il y a des solutions pour vous aider tous les deux à traverser cette période un peu difficile.

43. *La tétine, indispensable ou pas ?*

Le fait de téter est un comportement inné auquel le bébé a recours spontanément pour se rassurer. **Les tout-petits ont un besoin de succion assez important : environ une demi-heure par repas.** Lorsque le repas dure cinq ou dix minutes (si l'enfant est goulu), il continue à chouiner à la fin du biberon, non pas parce qu'il n'est pas rassasié, mais parce que son besoin de succion n'est pas assouvi. De la même façon, quand la maman donne le sein, l'enfant a tendance à y rester au moins 10-15 minutes de chaque côté, car le sein ne sert pas qu'à nourrir, il sert aussi à assouvir le besoin de succion. Voilà pourquoi, chez l'enfant goulu ou l'enfant qui lâche le sein plus rapidement, la tétine peut être une solution efficace pour calmer les pleurs.

Dès qu'il le peut, le tout-petit saisit le bord de sa main ou encore enfonce deux doigts dans sa bouche. Ce stade oral est tout à fait nécessaire à son bon développement. En revanche, **sucer son pouce n'est pas un comportement inné avant l'âge de trois ou quatre mois** : ce n'est qu'à partir de cet âge qu'il est capable de trouver et de mettre son pouce en bouche. Lorsqu'avant cela, il tète le bord de sa main ou met ses deux doigts dans sa bouche, il risque de se faire vomir ou de régurgiter. Les parents font donc appel naturellement à la tétine, qui le calme instantanément. Mais attention, celle-ci doit être utilisée avec modération, quand elle se justifie (accès de pleurs) et pas à la moindre occasion, pour éviter de couper le bébé du monde et de le rendre accro. Le soir, de nombreux bébés prennent l'habitude de s'endormir avec la tétine et continuent de la sucer en dormant. S'ils se réveillent la nuit

en l'ayant perdu, ils se mettent à pleurer et les parents sont obligés de se lever. De plus, selon les orthodontistes, la tétine déforme un peu plus la mâchoire supérieure que le pouce car le bébé presse la tétine avec sa langue contre l'arcade dentaire supérieure, ce qui creuse son palais.
En pratique, il est donc tout à fait légitime de proposer la tétine avec modération aux enfants qui ont un fort besoin de succion (il existe en effet de « gros tétouilleurs » qui ont besoin de téter davantage que la moyenne). D'autant plus qu'elle a, selon certaines études, un effet protecteur contre le risque de mort subite. **Mais, à l'âge de trois mois, il faudra essayer de s'en passer.** Pour cela, il faut la supprimer brutalement, sans transition. Car le sevrage progressif de la tétine ne fonctionne pas ! Rassurez-vous : très naturellement, à cet âge, l'enfant a la coordination nécessaire pour trouver son pouce et le mettre en bouche. Le pouce est préférable car c'est l'enfant et lui seul qui décide ou pas de le prendre : c'est donc déjà un petit pas vers l'autonomie. En revanche, la renonciation au pouce survient bien plus tard que la renonciation à la tétine. Il faut faire en sorte que l'enfant arrête de sucer son pouce avant quatre à cinq ans maximum, un an avant l'âge auquel les dents définitives commencent à pousser, pour éviter que la denture ne s'en trouve déformée. À l'âge de deux ans, la plupart des enfants s'arrêtent d'utiliser le pouce

spontanément, et le remplacent par un petit rituel bien à eux pour s'endormir. Si le vôtre y est toujours accro, il faudra essayer de l'en dissuader non pas par des moyens barbares (en mettant par exemple du vernis amer sur l'ongle du pouce), mais plutôt en proposant des petites récompenses s'il s'en sert de moins en moins.

Attention à l'hygiène !

Si votre enfant a une tétine, pensez à la laver très souvent, car elle tombe régulièrement et traîne partout, ce qui n'est pas très hygiénique. Veillez également à la changer de temps en temps (tous les deux ou trois mois), car elle a tendance à s'abîmer.

La tétine à l'origine de problèmes d'audition ?

Une étude finlandaise[1] a montré que l'utilisation de la tétine chez les enfants en période de rhume et de poussée dentaire, est un facteur favorisant la mauvaise

1. Niemelä M. et al., *A pacifier increases the risk of recurrent acute otitis media in children in day care centers, Pediatrics*, 1995.

perméabilité de la trompe d'Eustache et donc la pérennisation d'otites séro-muqueuses, qui ne sont pas douloureuses, mais qui peuvent entraîner une surdité de transmission (le tympan vibre moins bien). À la clé, une gêne auditive qui peut avoir pour conséquences un retard de l'acquisition du langage ou des défauts de prononciation (tout à fait réversibles cependant).

44. Comment gérer les premières sorties avec Bébé ?

Dans certaines cultures, notamment en Asie, il est d'usage de laisser le nouveau-né à la maison pendant les 40 premiers jours. En réalité, rien n'empêche de sortir avec Bébé dès les premiers jours. Au contraire : c'est bon pour lui, comme pour ses parents. Évidemment, il est important de prendre certaines précautions. Voici quelques conseils pratiques pour que ces sorties se passent au mieux.

- **Vous pouvez sans problème sortir une heure par jour** quand les températures sont normales. S'il fait un peu froid (moins de 5 °C), limitez-vous à 30 minutes. Évitez bien sûr de sortir si le temps est pluvieux ou très venteux.

- Les premiers jours/semaines, **évitez les transports en commun** (surtout le métro, véritable « bouillon de culture »), beaucoup trop bruyants et étouffants, **ou les atmosphères confinées**, comme les grands magasins ou les supermarchés. Préférez les balades au grand air, loin de tout environnement pollué.
- **Assurez-vous que votre bébé est bien couvert**. On conseille généralement de prévoir une couche supplémentaire de vêtements par rapport à un adulte. Pour savoir s'il n'a pas trop chaud ou trop froid, il existe quelques astuces : s'il transpire, cela signifie qu'il a trop chaud ; s'il pleure, il a aussi sûrement trop chaud ou trop froid. Autre bon moyen pour le savoir : prendre sa température rectale au retour de la balade. Une température normale est de 36,8 °C le matin, et de 37-37,2 °C le soir. Si elle est plus élevée/plus basse, cela veut dire qu'il est trop/pas assez couvert. Dans tous les cas, pensez à bien lui couvrir la tête, car elle est particulièrement sensible au froid : la cagoule est recommandée quand il fait moins de 10 °C. Même aux beaux jours, prévoyez un petit bonnet léger pour les nouveau-nés.
- **En été, n'oubliez pas de le protéger du soleil.** Chapeau, ombrelle et protection anti-UV sont indispensables. Les tout-petits sont particulièrement sensibles aux rayonnements UV.

- **Le moment idéal ? Après le repas (et le rot bien sûr).** Votre bébé est rassasié, et cela vous laisse un maximum de temps d'ici à la prochaine tétée ou au prochain biberon. De plus, un enfant repu est plus prompt à s'endormir. Vous pourrez profiter vous aussi d'un moment de calme.
- **N'oubliez pas de vérifier que sa couche est propre** avant de sortir. Cela vous évitera de devoir le changer pendant la balade, ou de devoir rentrer plut tôt que prévu.
- **Ne sortez jamais sans votre kit de survie** ! Dans votre sac, prévoyez des couches, des lingettes, voire éventuellement un matelas de change et des vêtements de rechange pour parer aux petits accidents, un biberon d'eau et une dosette de lait si votre bébé n'est pas au sein, une tétine, un doudou, des mouchoirs en papier pour essuyer les éventuelles régurgitations…
- **N'hésitez pas à prendre l'initiative de la balade** (surtout si vous êtes en congé paternité*, ou le week-end), et à emmener votre bébé seul. Votre compagne sera sûrement ravie d'avoir un peu de temps pour elle…
- **Privilégiez la position allongée** pour les balades les plus longues : le landau est la meilleure option car Bébé y est comme dans son lit. Pour les balades un peu plus courtes, le porte-bébé se révèle aussi très pratique. Dans

tous les cas, évitez la poussette avant qu'il ne se tienne assis, sauf si bien sûr celle-ci est équipée d'un dossier qui peut s'allonger complètement et que le hamac est bien confortable.

- N'oubliez pas que **la balade peut aussi être la bonne solution pour calmer un bébé qui n'arrête pas de pleurer.** En général, il suffit de mettre un bébé dans le porte-bébé pour qu'il s'endorme immédiatement. La poussette a aussi souvent cet effet calmant. Une solution pratique et agréable quand vous ne savez plus quoi faire !

45. Quand doit avoir lieu sa première visite chez le pédiatre ?

Dans la grande majorité des cas, lorsque la grossesse et l'accouchement se déroulent bien, que l'enfant est en bonne santé et que les pédiatres de la maternité n'ont pas remarqué d'anomalie, **la première consultation chez le pédiatre a lieu à 20 jours de vie, c'est-à-dire à trois semaines.** Pendant cette période, vous et votre compagne allez faire connaissance avec votre bébé, apprendre à connaître ses réactions et à interpréter ses pleurs. Vous serez donc plus à même, le jour du rendez-vous, de répondre aux questions du pédiatre. Vous trouvez ce délai trop long ? Si vous souhaitez vérifier que votre enfant grossit bien, vous pouvez aller dans un centre de PMI (Protection maternelle et infantile) près de chez vous, où vous ferez peser votre bébé. Si une sage-femme à domicile vient au chevet de votre compagne, vous pouvez aussi lui demander d'examiner le bébé et de le peser.

Trois autres cas de figure peuvent se présenter.

- **Si l'enfant est né très prématurément, ou s'il a été hospitalisé** en raison d'un problème médical ou d'un faible poids de naissance (prise en charge par les services hospitaliers soit dans un service de néonatalogie, soit en soins intensifs ou en réanimation dans les cas les plus extrêmes) : la première visite chez le pédiatre doit se faire peu de temps après la sortie de l'hôpital. Pendant l'hospitalisation, mettez-vous en relation avec un pédiatre libéral qui acceptera de voir votre enfant très rapidement après la sortie du service hospitalier.
- **Si le pédiatre de la maternité a découvert un souci sans risque vital, mais suffisamment ennuyeux** pour que vous soyez inquiet, vous pouvez être reçu par un pédiatre dès que vous le souhaiterez (par exemple un petit souffle cardiaque, une malposition du pied ou un petit « ressaut » de hanche). Le médecin pourra ainsi vous rassurer et vous guider pendant les premiers jours de vie de votre enfant afin que l'angoisse ne puisse pas interférer avec le bon développement psychologique de votre enfant.

- Enfin, **si votre bébé n'a pas eu de souci particulier pendant le séjour en maternité mais qu'un ennui est survenu après sa sortie**, vous pouvez demander à avancer votre rendez-vous des trois semaines. C'est le cas lorsque l'allaitement maternel ou artificiel se déroule difficilement, si Bébé présente une éruption cutanée qui vous inquiète, si son ombilic suinte ou cicatrise mal, s'il pleure de façon excessive ou encore si sa courbe de poids reste stationnaire. Toutes ces situations méritent une consultation plus rapide.

À noter :

Face à la rareté, voire à la pénurie des pédiatres libéraux dans certaines régions, il est prudent de prendre ce premier rendez-vous chez le pédiatre avant même la date de l'accouchement. En théorie, vous pouvez même caler deux dates de rendez-vous : un premier dans le cas où la future maman accoucherait à terme ; et un second deux ou trois semaines plus tôt, au cas où votre bébé arriverait plus vite que prévu. Et n'oubliez pas d'annuler un des deux rendez-vous dès que vous serez papa !

La première consultation chez le pédiatre se déroule de la façon suivante :

- Dans un premier temps, le pédiatre pose des questions sur le déroulement de la grossesse et de l'accouchement, ainsi que sur les antécédents familiaux (en particulier les allergies ou les maladies chroniques comme le diabète ou les problèmes ophtalmologiques, qui sont transmissibles).

- Ensuite, il aborde le mode d'alimentation choisi pour le bébé et les éventuels soucis rencontrés.
- Il se renseigne sur le mode de garde que vous avez choisi.
- Il procède à un examen clinique de l'enfant avec mesure et pesée.
- Il reporte toutes les données sur le carnet de santé*, outil primordial qui va suivre l'enfant pendant toute sa croissance. N'oubliez pas de l'apporter à chacun de vos rendez-vous chez le pédiatre !
- Il délivre une ordonnance avec des vitamines, et éventuellement du fluor. Il vous indique et prescrit les vaccins à effectuer. En fonction des résultats de son examen clinique, il peut aussi vous prescrire des petits traitements (par exemple, en cas de petits troubles digestifs, classiques les premières semaines).
- Et enfin, il répond aux questions que vous ne manquerez pas de lui poser concernant la morphologie et la physiologie de votre bout de chou. En effet, le mode d'emploi n'est pas livré avec !

Chapitre 2

NOURRIR BÉBÉ, MODE D'EMPLOI

46. Quels sont les avantages et les inconvénients de l'allaitement maternel ?

La France est l'un des pays d'Europe où l'allaitement maternel est le plus bas. Si sept bébés sur dix sont nourris au sein à la maternité, ils ne sont plus que quatre sur dix à trois mois (dont seulement la moitié de façon exclusive, c'est-à-dire sans biberon de complément). À six mois, un enfant sur quatre est encore allaité, dont seulement la moitié de façon exclusive. L'allaitement maternel présente pourtant de nombreux avantages, pour la maman comme pour le bébé.

Les avantages pour la maman

- ☺ **L'allaitement maternel provoque des modifications hormonales bénéfiques.** Le taux d'ocytocine augmente, ce qui entraîne des contractions utérines* permettant à l'utérus de reprendre plus rapidement ses dimensions initiales, et favorisant une diminution des hémorragies du post-partum* (ce qui permet aussi une diminution du risque d'anémie). L'augmentation de la prolactine, elle, favorise l'apaisement et, indirectement, le sommeil. L'allaitement permet aussi un retour plus rapide au poids d'avant grossesse, car une maman qui allaite puise dans ses réserves énergétiques pour fabriquer du lait.
- ☺ **À plus long terme, l'allaitement maternel freine la déminéralisation osseuse** après la ménopause et fait baisser le risque de cancer de l'ovaire et des seins.
- ☺ **Sur le plan psychologique aussi**, l'allaitement est bénéfique : il développe les interactions entre la maman et son bébé, renforce leurs liens d'attachement, et la confiance en soi de la maman. Allaiter fait baisser le risque de dépression du post-partum* (voir *baby blues*, p. 257).
- ☺ Autre avantage : **l'allaitement fait faire des économies**. Certes, il faut un peu de matériel (coquilles d'allaitement, coussin d'allaitement, protège-mamelons, tire-lait), mais c'est

dérisoire par rapport au coût de l'allaitement artificiel. De plus, indirectement, vous préservez l'environnement.

Les avantages pour le bébé

☺ Le lait maternel est **le meilleur lait sur le plan nutritionnel**. Les pédiatres ont coutume de dire que « le moins bon lait maternel est meilleur que le meilleur lait artificiel ». De plus, il est disponible à tout moment et toujours à la bonne température.

☺ **Le lait maternel est plus digeste** : la vidange gastrique se fait plus vite qu'avec le lait artificiel. Il provoque aussi moins de coliques.

☺ Il apporte au bébé, surtout au cours des trois premiers mois, **des défenses immunitaires transmises par la maman**. On sait aujourd'hui qu'un allaitement qui dure au moins quatre mois diminue notablement les risques d'infection respiratoire basse (bronchite, bronchiolite, pneumonie) mais aussi d'otites, d'infections des voies respiratoires supérieures ou de diarrhée. Par ailleurs, l'allaitement maternel diminue, à plus long terme, les risques de diabète et d'obésité. Il préserve aussi de l'intolérance aux protéines de lait de vache (sauf dans les cas où la maman consomme beaucoup de produits laitiers). Enfin, si l'allaitement maternel est exclusif au moins trois mois, il diminue notablement, chez les bébés « à risques » la fréquence des manifestations de l'asthme et de l'eczéma (mais jusqu'à l'âge de deux ou trois ans seulement).

☺ Une maman qui allaite fait bénéficier son bébé d'**une merveilleuse relation mère-enfant**, différente de celle apportée par une maman qui nourrit son enfant au biberon (même si elle peut également être d'excellente qualité). Le bébé reconnaît l'odeur de sa mère et l'odeur de son lait. Or le lien d'attachement se tisse aussi autour de l'odeur reconnue. À travers l'allaitement, la confiance mutuelle mère-enfant se renforce : confiance du bébé en sa maman qui comble sa demande, confiance de la maman en elle-même qui se sent compétente, confiance de la maman en son bébé qu'elle apprend à écouter.

☺ L'allaitement maternel **réduit notablement le risque de mort subite** inexpliquée du nourrisson (MSIN).

Les inconvénients pour la maman

☹ **La bonne pratique du geste d'allaitement ne vient pas toujours naturellement.** La sage-femme et la puéricultrice de la maternité seront pour votre compagne une aide précieuse pour savoir comment positionner le bébé pendant la tétée.

☹ La maman doit, surtout pendant les premières semaines d'allaitement « à la demande », **être**

en permanence disponible pour son bébé. Ensuite, vous pourrez remplacer de temps en temps une tétée par un biberon de lait maternel tiré ou de lait artificiel, que vous pourrez donner, vous jeune papa, pour soulager un peu votre compagne.

☹ **La maman ne sait pas toujours quelle quantité de lait elle fabrique** et donne à son bébé. Certaines mamans arrivent chez le pédiatre pleines de confiance et assurées d'avoir bien nourri leur bout de chou en disant que leur lait coule naturellement et abondamment. Mais la courbe de poids du bébé peut attester que le bébé ne prend pas suffisamment de poids. Dans ce cas, un biberon de complément sera nécessaire.

☹ **La maman qui allaite doit surveiller son alimentation**, éviter les plats trop épicés et l'alcool. Elle doit aussi éviter certains médicaments qui « passent » dans le lait maternel.

☹ **L'allaitement peut parfois faire mal** : le risque d'engorgement et de crevasses existe, mais il peut être prévenu par quelques moyens simples (la bonne position du bébé, le rythme, la fréquence et la durée des tétées).

☹ **Le sevrage est une période pas toujours facile à gérer pour la maman** et pour le bébé. Lorsqu'une maman allaite son enfant de façon exclusive pendant quatre à six mois, voire plus, l'enfant, habitué au goût du lait maternel et à la consistance du mamelon de sa mère, peut refuser tout autre mode d'allaitement, que ce soit du lait maternel tiré ou du lait artificiel. Ces difficultés de sevrage nécessitent beaucoup de volonté et de patience, surtout quand elles surviennent au moment de la reprise du travail de la maman.

☹ **Les fuites de lait peuvent aussi gêner** certaines mamans, tout comme le fait d'allaiter en public.

☹ **La maman qui a décidé d'allaiter doit aussi lutter contre certaines idées reçues**, qui peuvent la faire hésiter. Il est de votre rôle de la rassurer. Par exemple, on considère très souvent que l'allaitement maternel exclut le papa de la relation. Rassurez-la en lui disant que vous pouvez aussi, en berçant votre bébé, en lui parlant, en lui donnant son bain, favoriser vous aussi des moments de partage. Elle se dit qu'elle va devoir reprendre rapidement le travail, et qu'il ne sert à rien d'allaiter seulement quelques semaines ? Dites-lui que ce sera toujours ça de pris pour votre bébé. Elle pourra même continuer à allaiter tout en travaillant (en tirant son lait). Si vous avez des aînés et qu'elle a peur de ne pas pouvoir assurer l'allaitement en même temps que la gestion des aînés, rassurez-la également en lui disant qu'allaiter demande moins de logistique. Si elle souhaite, elle pourra toujours allaiter en surveillant les devoirs du grand. Aidez-la aussi à lutter contre les nombreuses idées reçues, du style allaiter fatigue, abîme les seins, fait grossir… Tout ceci est faux !

Les inconvénients pour le bébé

☹ **Si le bébé présente un reflux gastro-œsophagien** (RGO)* avec un risque d'irritation de l'œsophage (œsophagite), il faudra tirer le lait maternel, l'épaissir à l'aide d'une poudre épaississante (en pharmacie) et l'administrer au biberon. Cela est donc un peu compliqué (alors que chez le bébé nourri au lait artificiel, il suffira de lui donner un lait antirégurgitation, voir aussi p. 196).

Allaitement maternel : des contre-indications ?

Les contre-indications à l'allaitement maternel sont rares. Il s'agit de certaines affections sévères (psychoses, insuffisances viscérales – par exemple cardiaques ou rénales –, tuberculose, infection au virus VIH). La plupart des maladies infectieuses (rhinite, angine, bronchite…) sont compatibles avec la poursuite de l'allaitement, sous réserve de ne pas prendre de médicaments, ou bien un traitement adapté, compatible avec l'allaitement.

47. *Quels sont les avantages et les inconvénients de l'allaitement artificiel ?*

Comme l'allaitement maternel, l'allaitement artificiel présente certains avantages et inconvénients.

Les avantages pour la maman

☺ C'est **une technique d'alimentation simple et pratique** : il est plus facile de donner le biberon que de donner le sein (du moins au début). Pour la maman, pas de problèmes de crevasses, d'irritations ou d'engorgement, et pas de restriction alimentaire ou médicamenteuse.

☺ **Donner le biberon rend la jeune maman plus libre et augmente son autonomie** : la maman peut s'absenter quelques heures, et se détendre plus facilement.

☺ L'allaitement artificiel favorise **l'implication du papa** qui peut lui aussi donner le biberon.

☺ L'allaitement artificiel permet de **savoir facilement quelle quantité de lait le bébé a bue.** Les intervalles entre les repas, qui vous seront conseillés par votre pédiatre, peuvent ainsi être respectés dès les premiers jours. Dès l'âge de six ou huit semaines, il vous sera plus facile d'imposer des horaires, et même des nuits de sept à huit heures (puisque, à ce moment-là, le bébé ne confond plus le jour et la nuit).

Dans la journée, le fait de donner la bonne quantité de lait (adaptée au poids du bébé) évite les régurgitations par « trop-plein ». La vidange gastrique se faisant plus lentement qu'avec le lait maternel, le bébé est plus longtemps rassasié, et cela permet de mieux respecter les intervalles fixes entre les repas.

Les avantages pour le bébé

☺ Il n'y a qu'un seul lait maternel, mais plusieurs dizaines de sortes de laits artificiels. Votre pédiatre pourra vous conseiller un lait spécifique, en fonction des soucis digestifs ou du poids de votre bébé. Voir aussi p. 196. Bref, **c'est un lait à la carte !**

Les inconvénients pour les parents

☹ Ce type d'allaitement nécessite d'**acheter du matériel** : biberons, tétines, écouvillons, stérilisateur… C'est aussi **toute une logistique** quand vous vous déplacez ! Cela représente également un coût important. Les laits artificiels, et encore plus les laits spécifiques vendus en pharmacie, représentent un vrai budget.

☹ **La maman peut parfois culpabiliser** de ne pas donner son lait à son bébé, surtout si son entourage le lui reproche à demi-mot. Défendez et rassurez votre compagne : allaiter est un choix personnel. Il est possible de donner le biberon avec autant d'amour que le sein et les échanges peuvent être aussi riches.

- Il faut **parfois quelques semaines pour trouver le « bon » lait artificiel** qui respecte la physiologie du bébé, qui lui assure une bonne croissance et un bon confort digestif à la fois. Bien sûr, votre pédiatre pourra vous guider, en fonction de vos antécédents (allergiques notamment), mais il faut souvent tâtonner. Sachez en revanche que le lait artificiel « idéal » n'existe pas et que les petits signes d'immaturité digestive (voir p. 159) sont inévitables. Inutile donc de changer de lait tous les deux jours sous prétexte que votre bébé se tortille ou a des gaz : tout ceci est normal. Et si vous êtes tout de même tentés de changer de lait, ne le faites pas seul, laissez-vous guider par votre pédiatre, un petit coup de fil suffit (voir p. 196).
- **Le lait artificiel n'apporte pas d'anticorps.** Les défenses immunitaires du bébé nourri au biberon sont donc moindres que celles d'un bébé nourri au sein. Il existe toutefois aujourd'hui des laits enrichis en probiotiques qui modifient la flore intestinale et le protègent davantage des infections, notamment digestives.
- Les laits artificiels étant fabriqués à partir de lait de vache, ils exposent votre bébé à une affection fréquente, pas toujours facile à

diagnostiquer, mais heureusement transitoire : **l'intolérance aux protéines de lait de vache.** Heureusement, il existe des laits adaptés appelés hydrolysats, qui permettent de la traiter.

En conclusion, le jeune papa que vous êtes devenu doit, quel que soit le mode d'allaitement choisi par votre compagne, la conforter dans sa décision, en sachant que chaque option permettra à votre bébé de se développer harmonieusement.

48. Comment trouver ma place si la maman allaite ?

L'arrivée d'un bébé provoque de grands bouleversements dans le couple. Vous devrez faire ensemble de nombreux choix parmi lesquels le mode d'allaitement, que la maman ne choisit pas toute seule. Très souvent, **l'allaitement maternel déstabilise les jeunes papas, qui se sentent exclus de cette relation fusionnelle qui lie leur compagne au bébé**. Ils peuvent se sentir de trop, voire inutiles. De plus, ce choix a des répercussions sur leur sexualité : la poitrine de la jeune maman étant plus sensible, elle devient presque un interdit dans les moments intimes. Tout cela peut provoquer des réactions mitigées entre admiration et jalousie, voire sentiment de frustration et d'exclusion.

Mais vous avez votre place à prendre : une maman qui allaite a besoin de vous près d'elle pour la soutenir. Car allaiter n'est pas si facile. Les obstacles sont fréquents, et se sentir soutenue par son compagnon est une aide précieuse pour la maman. Vous devez rassurer votre compagne en lui rappelant, dans les moments de doute, tous les bénéfices d'une alimentation au sein pendant les premiers mois, en lui rappelant que le lait maternel contient des anticorps, que c'est le meilleur lait pour votre bébé. Au moment des tétées, vous pouvez l'aider pour que l'allaitement se déroule au mieux, par exemple en lui apportant son coussin d'allaitement, une petite bouteille d'eau (l'allaitement donne soif !). La tétée peut aussi être l'occasion d'un cocooning en famille, d'un câlin familial. Vous pouvez aussi aider votre compagne à placer correctement votre bébé au sein (car la meilleure position pour téter ne se trouve pas aussi facilement ou spontanément que vous pourriez le croire). Votre rôle est aussi d'écouter et d'encourager votre compagne à poursuivre malgré la douleur ou les difficultés rencontrées. Car l'allaitement n'est pas toujours une partie de plaisir, surtout lors de sa mise en place. Pour la maman, il peut parfois être tentant d'abandonner pour se tourner vers le biberon. Vous représentez aussi un soutien très précieux pour votre compagne vis-à-vis de la famille et de l'entourage. Aujourd'hui, dans nos sociétés, allaiter son bébé n'est pas systématique et il faut parfois défendre son choix auprès des autres. Si vous parlez d'une seule voix, cela aura plus d'impact. Enfin, n'oubliez pas que l'allaitement prend du temps. Vous pourrez la soulager d'autres tâches comme donner le bain, jouer, bercer Bébé, qui peuvent être des rôles plus systématiquement dévolus au papa. N'oubliez pas que nourrir un bébé n'est pas la seule façon de nouer des liens avec son enfant : il existe de très nombreuses autres occasions pour cela. Enfin, quand viendra le moment du sevrage, lorsque votre bébé commencera à prendre ses premiers biberons, vous serez aussi d'un grand secours lors de la transition.

49. Comment préparer et donner le biberon ?

L'avantage du biberon est que **vous aussi pouvez nourrir votre bébé**. Le biberon doit être un moment de plaisir et de complicité partagés comme si Bébé était au sein. Installez-vous bien afin d'être entièrement disponible pour votre enfant, prenez-le dans vos bras, parlez-lui, regardez-le... et ne le laissez jamais téter seul le biberon calé par un oreiller (en raison du risque de fausse route) !
En pratique, voici les grandes étapes à suivre pour préparer le biberon de votre enfant :

- Assurez-vous que le plan de travail est bien propre, et **lavez-vous les mains**.
- Prenez le biberon (stérile, voir encadré ci-après), **remplissez-le d'eau minérale à la quantité désirée**. Choisissez une eau faiblement minéralisée (pour ne pas surcharger les reins du bébé). En pratique, vous avez le choix entre quatre grandes marques : Évian, Volvic, Mont Roucous et Cristaline, ou bien une eau de source locale à condition qu'elle soit faiblement minéralisée. Vérifiez que la bouteille n'est pas ouverte depuis plus de 24 heures. N'utilisez pas d'eau du robinet chez le jeune bébé, ni d'eau adoucie ou filtrée.
- **Versez ensuite la quantité de poudre de lait nécessaire** (une mesurette arasée pour 30 ml d'eau).
- Fermez le biberon et **faites-le rouler entre vos mains** pour bien mélanger l'eau et la poudre. Vous pouvez donner le biberon soit à température ambiante, soit à 37 °C maximum. Vous pouvez faire réchauffer le biberon au four à micro-ondes, au chauffe-biberon, au bain-marie. Notez que le micro-ondes n'est pas interdit, mais faites bien attention à agiter le biberon ensuite (car la température n'est pas toujours uniforme) et surtout vérifiez toujours la température du lait en en déposant quelques gouttes sur le dos de votre main avant de proposer le biberon à votre bébé. Le fait de

réchauffer le biberon n'est pas obligatoire, certains bébés préfèrent d'ailleurs les repas à température ambiante (notamment les bébés qui régurgitent).

Les petits conseils pratiques en +

• Ne laissez jamais traîner un biberon de lait prêt à boire à température ambiante. Si vous préparez vos biberons assez tôt, conservez-les au réfrigérateur pour une durée de 24 heures maximum. Sortez le biberon 15 minutes avant l'heure du repas.

• Pour voyager, l'idéal est de préparer les biberons stérilisés en y versant la quantité d'eau nécessaire. Vous les garderez éventuellement au chaud dans un thermos. Pour des raisons d'hygiène (le lait est un lieu propice au développement des bactéries), mieux vaut ajouter la poudre de lait juste avant la tétée.

• Il existe également des laits sous forme liquide, en brique, prêts à l'emploi. Une fois ouverte, la brique peut être gardée 24 heures maximum au réfrigérateur. Cette option n'est pas très prisée par les pédiatres car la tentation est grande pour les parents, quand Bébé chouine un peu après le biberon, de lui reproposer un peu de lait (puisqu'il est prêt à l'emploi), ce qui risque de le faire régurgiter, car la capacité de son estomac est dépassée. Quand un bébé chouine après le biberon, c'est souvent parce que son besoin de succion n'est pas assouvi et pas parce que son estomac n'est pas rempli. Dans les mêmes circonstances, on a moins tendance à proposer un complément de lait en poudre qui nécessite une préparation qui prend du temps.

Une fois que votre biberon est prêt, voici la marche à suivre.

- Assurez-vous tout d'abord que **vos mains sont bien propres** avant de donner le biberon à votre bébé. Utilisez éventuellement un gel hydroalcoolique.
- Mettez un bavoir à votre bébé, puis **calez-le bien contre vous**.
- **Proposez-lui le biberon avec une inclinaison adaptée** pour que Bébé n'avale pas d'air (la tétine doit toujours être pleine de lait). Pensez aussi à vérifier le débit du biberon. La bonne durée d'un biberon est de 10 minutes minimum et 30 minutes maximum. S'il dure moins de 10 minutes, votre bébé boit trop vite : il risque de régurgiter et son besoin de succion ne sera pas assouvi. S'il tète plus de

30 minutes, il risque de s'épuiser, car pour lui, boire un biberon est un vrai effort sportif. Si votre bébé est très goulu et qu'il continue à pleurer alors que le biberon est terminé, il ne faut pas être tenté de lui donner un biberon de complément. Cela signifie simplement que son besoin de succion n'est pas assouvi : il sera donc calmé par la tétine. La prochaine fois, faites des petites pauses en cours de biberon afin d'éviter que son repas dure moins de 10 minutes.

- Une fois que votre bébé a terminé le biberon, **n'oubliez pas de lui faire faire son rot.** Sachez que, pendant les toutes premières semaines de vie, les rots sont un peu tardifs et irréguliers. Il est donc conseillé de garder Bébé dans ses bras pendant une dizaine de minutes après la fin du biberon pour qu'il puisse faire son rot avant que vous le recouchiez. Si le biberon dure longtemps, le bébé fait généralement des microrots au cours de la tétée, et vous ne vous en rendrez pas forcément compte. Le rot final ne sera donc pas forcément nécessaire. Au contraire, si votre bébé est très goulu et qu'il boit son lait très vite, cette étape ne doit pas être zappée : gardez votre enfant dans vos bras 10 minutes jusqu'à ce que cela arrive.
- Dès la fin du repas, **rincez le biberon, la tétine et le bouchon** à l'eau froide. Lavez-le ensuite à l'eau chaude avec un goupillon et un

peu de liquide vaisselle. Rincez-le bien. Vous pouvez aussi laver le biberon et la tétine au lave-vaisselle, en choisissant un cycle complet (et non un cycle rapide).

Ne vous inquiétez pas : toutes ces étapes peuvent paraître un peu compliquées au début, mais très vite, vous arriverez à effectuer tous ces gestes de façon spontanée. Le plus important est que vous vous impliquiez dans l'allaitement de votre bébé, afin de créer le lien.

Faut-il stériliser ou non les biberons ?

Le lait est un lieu de prolifération rapide des microbes. Aujourd'hui, dans les maternités, on ne conseille plus de stériliser les biberons de manière systématique, mais certains pédiatres continuent de le préconiser, surtout en période estivale car quand il fait chaud, la prolifération des virus et bactéries est plus rapide. Cette stérilisation doit idéalement se faire pendant les cinq ou six mois premiers mois de vie de Bébé, et plus particulièrement entre trois et cinq-six mois. En effet, pendant ses deux ou trois premiers mois de vie, le bébé est protégé par les anticorps transmis par sa maman, passés à travers le placenta en fin de grossesse. D'autres anticorps ont éventuellement pu lui être apportés si la maman a allaité pendant les premières semaines. Après ces trois premiers mois, l'enfant est moins protégé sur le plan immunitaire, car il ne commence vraiment à fabriquer ses propres défenses qu'après cinq ou six mois.

En pratique, il existe plusieurs méthodes de stérilisation :

• La stérilisation à chaud : elle consiste à faire bouillir les biberons et les tétines pendant 20 minutes dans un faitout ou un stérilisateur rempli d'eau chaude, ou bien 10 minutes après la rotation de la soupape de la cocotte-minute.

• La stérilisation à froid : il faut laisser tremper les biberons et les tétines dans une solution antiseptique. Il est conseillé de rincer les tétines après, car le produit peut avoir un goût désagréable.

• La stérilisation au micro-ondes : on utilise pour cela un récipient spécifique dans lequel on ajoute un peu d'eau et les biberons (jusqu'à cinq ou six, selon la capacité). Cette méthode est très pratique car elle ne nécessite que quelques minutes par jour.

Elle est prisée par les jeunes parents car elle évite la contrainte de faire bouillir de l'eau ou la cocotte-minute.

50. Quel lait choisir ?

Si la jeune maman a choisi de nourrir son bébé au biberon, la maternité lui proposera, en fonction des « tours de lait » (accords passés entre les maternités et les fabricants de lait infantile), une marque bien précise. Si votre bébé termine la majorité de ses biberons, et si sa courbe de croissance est correcte, il n'y a pas de raison d'en changer. Quelle que soit la marque, les laits sont tous à peu près équivalents sur le plan nutritionnel. Même si votre bébé a souvent le hoquet, des rots tardifs et irréguliers, des petites douleurs abdominales et/ou des remontées acides fréquentes. Ce sont **des signes d'immaturité digestive que l'on rencontre chez tous les nouveau-nés** (voir aussi p. 159), **et pas la preuve que son lait n'est pas adapté ou qu'il ne lui convient pas.** De manière générale, vous sortirez de la maternité avec un lait standard, que vous allez proposer à votre bébé jusqu'à la première visite chez le pédiatre (vers trois semaines de vie, voir p. 284).

En revanche, si votre bébé ne grossit pas assez, s'il ne tolère pas bien ce lait standard, s'il semble souffrir, se tortiller, il est préférable de contacter votre pédiatre dès l'apparition des symptômes pour obtenir un conseil téléphonique. Celui-ci pourra modifier le lait, changer la marque ou lui donner un lait plus spécifique adapté aux besoins du nouveau-né. En dehors des laits standard, il existe en effet plusieurs autres types de lait :

- des **laits hypoallergéniques** pour les enfants qui ont un terrain atopique (ils sont de moins en moins utilisés) ;
- des **laits enrichis** pour les enfants ayant un faible poids de naissance, prématurés ou pas (ce sont les laits « pré ») ;
- des **laits sans lactose** (à proposer en cas de diarrhée) ;
- des **laits « hydrolysés »** (appelés hydrolysats de protéines du lait de vache), que l'on propose soit d'emblée lorsqu'il y a déjà des cas d'intolérance aux protéines du lait de vache dans la fratrie, soit plus tard (si certains signes font soupçonner cette allergie) ;
- des **laits** épaissis chez les enfants qui régurgitent fréquemment ;
- des **laits antirégurgitation** pour les enfants chez lesquels on suspecte un vrai reflux gastro-œsophagien (RGO)* ;
- des **laits anticoliques** pour les enfants qui souffrent de coliques ;

- des **laits transit** pour les enfants qui présentent des problèmes de constipation ;
- des **laits satiété** légèrement enrichis en sucre pour les enfants très goulus ;
- des **laits enrichis en probiotiques**. Leur but est que la flore intestinale de Bébé ressemble à la flore intestinale qu'il aurait s'il avait été allaité au sein. En théorie, cela permet de mieux se défendre contre les infections en particulier virales, rhinopharyngées et bronchiques, qu'il ne manquera pas de présenter surtout s'il est gardé en collectivité (crèche).

51. Quelle quantité de lait lui donner et à quel rythme ?

La quantité de lait est déterminée par l'appétit de bébé, mais doit être limitée par la capacité de son estomac ! La digestion du lait artificiel est plus lente que celle du lait maternel. Il est donc indispensable d'attendre au moins 2 h 30 à 3 heures entre le début d'un biberon et le début du biberon suivant, même si Bébé pleure. Il est en effet illogique de proposer un autre biberon alors que la digestion du précédent n'est pas terminée ! Chez un nouveau-né, sachez que les horaires doivent être souples : ne le réveillez pas pour lui donner à manger s'il dort paisiblement. Cela veut dire tout simplement qu'il n'a pas faim.

En pratique, voici quelques repères utiles :

- Pour un bébé de 3 kg : 6 à 8 biberons de 90 ml par jour (90 ml d'eau + 3 mesurettes de lait en poudre).
- Pour un bébé de 3,5 kg : 6 à 7 biberons de 105 ml par jour (105 ml d'eau + 3,5 mesurettes de lait en poudre).
- Pour un bébé de 3,8 kg à 4 kg : 6 biberons de 120 ml (120 ml d'eau + 4 mesurettes de lait).

Par la suite, votre pédiatre vous conseillera sur les rythmes et les quantités en fonction du poids de votre bébé, du volume présumé de son estomac et de sa maturité digestive. En cas d'allaitement exclusif, la quantité de lait quotidienne peut être calculée selon la règle d'Appert : 1/10e du poids du bébé + 200 à 250 ml de lait. Exemple pour un enfant de 4,5 kg : 450 ml + 200 à 250 ml = 650 à 700 ml par 24 heures.

Vers 6 semaines-2 mois, la maturité neurologique de votre bébé fait qu'il s'arrête de confondre jour et nuit, mais il n'a encore aucune tendance à faire ses nuits spontanément. Il est donc préférable de l'y aider en commençant à lui imposer, non pas des horaires stricts, mais un certain rythme, des intervalles plus longs (3 heures et demie à 4 heures entre les repas), et des nuits elles aussi plus longues (de 6, 7 ou 8 heures dès l'âge de deux mois). En général, à cet âge, un bébé fait cinq repas d'environ 150 ml par jour, soit un toutes les quatre heures (à partir de 7 heures du matin avec un dernier repas à 23 heures). Il est conseillé de **ne plus lui proposer de biberon la nuit**. S'il se réveille vers 4 ou 5 heures du matin, donnez-lui sa tétine ou quelques millilitres d'eau pour qu'il puisse patienter jusqu'à 6 h 30 ou 7 heures. En général, les enfants s'habituent à ce nouveau rythme en quatre ou cinq nuits et sont, pour la majorité d'entre eux, capables de dormir sans interruption entre 23 h 30 et 6 h 30/7 heures du matin.

Entre 2 mois et demi et 6 mois, s'il commence à faire ses nuits, il va se caler naturellement sur quatre repas de lait par jour : petit déjeuner, déjeuner, goûter et dîner. Comme un grand ! Dès qu'il est bien calé, vous n'êtes plus obligé d'attendre qu'il réclame ses repas. Vous devez, peu à peu, commencer à imposer un rythme et **lui proposer ses repas à heures régulières.**

Lait 1er âge, 2e âge ou de croissance ?

Jusqu'à six mois, le lait artificiel proposé est un lait 1er âge. À partir de six mois, vous pourrez proposer un lait 2e âge : celui-ci est un peu plus riche en fer et protéines. À partir de 10-12 mois, vous passerez au lait de croissance. Celui-ci est toujours préparé à partir de lait de vache. Il a une teneur en fer plus forte et en protéines plus faible, afin d'être adapté à la physiologie rénale de Bébé. Ce lait est un vrai plus par rapport au lait demi-écrémé classique, qui était encore proposé aux enfants d'un à trois ans, il y a quelques années.

52. *Quand et comment diversifier son alimentation ?*

La diversification alimentaire est la période durant laquelle votre bébé commence à se nourrir avec autre chose qu'avec du lait exclusivement. Il existe autant de modes de diversification alimentaire que de pédiatres ! La règle première est d'agir avec bon sens. Il faut **introduire un seul nouvel aliment à la fois dans l'alimentation de votre bébé**, de manière distincte (pas le même jour ou au cours du même repas), afin de repérer une éventuelle allergie. Si vous donnez à votre bébé plusieurs nouveaux aliments en même temps, et s'il présente des signes d'allergie ou d'intolérance (comme une petite éruption autour de la bouche), vous ne saurez pas à quoi il a réagi.

Voici les autres règles d'or à retenir :

- La diversification alimentaire se déroule **entre quatre et six mois.** De manière tout à fait empirique, les pédiatres la fixent à quatre mois quand l'enfant n'a pas d'antécédent familial d'allergie, vers cinq mois quand un parent a un terrain allergique (alimentaire, cutané ou respiratoire), vers six mois quand deux parents ont un terrain allergique.
- **Introduisez les légumes et les fruits en premier.**
  – **Côté légumes,** privilégiez les légumes verts riches en fer et en fibres, pour faciliter le transit intestinal, ainsi que la carotte et le potiron qui ont un goût sucré qui va plaire au bébé. Proposez-lui par exemple de la carotte ou du potiron une à deux fois par semaine et des légumes verts cinq ou six fois par semaine.
  – **Côté fruits,** commencez par les fruits jaunes et orangés plutôt que rouges ou exotiques qui sont un peu plus allergisants. Misez sur la pomme, la poire, le coing, la banane, la pêche, l'abricot, l'orange et la mandarine. Vers six mois, introduisez les fruits rouges (fraises, framboises, cerises, cassis, myrtilles...). Vers 10-12 mois, vous pourrez lui faire goûter les fruits exotiques : ananas, fruit de la passion, kiwi, mangue...

- Donnez-lui **un seul légume ou un seul fruit à la fois**, soit à température ambiante, soit légèrement réchauffé pour les légumes.
- Utilisez une **cuillère en plastique souple** moins dure qu'une cuillère métallique classique. Quelques cuillerées suffisent au début.
- **Ne soyez pas décontenancé si votre bébé ne semble pas apprécier** tel légume ou tel fruit. Certains bébés font la grimace quand on leur propose pour la première fois un légume. Une étude a montré que quand on persiste, il finit par sourire, au bout de six ou sept fois.
- Ce qui vous paraît fade à vous ne l'est pas pour votre bébé, dont les papilles linguales sont beaucoup plus nombreuses que chez vous. **Inutile donc d'ajouter du sel, du sucre ou des épices** dans la purée ou la compote de votre bébé. N'ajoutez pas non plus de matières grasses.

Petits pots faits maison ou petits pots du commerce ?

Il est préférable de commencer la diversification alimentaire avec des petits pots du commerce ou des préparations pour bébés surgelées pendant les 15 premiers jours. En effet, même si vous prenez soin de bien mixer vos purées et compotes maison, il y aura toujours des grumeaux, rédhibitoires pour Bébé qui risque de refuser la cuillère pendant plusieurs jours, voire plusieurs semaines. Ne prenez donc pas ce risque ! Mais attention, il y a petits pots et petits pots. Favorisez ceux qui sont 100 % légumes, sans laitage et sans pomme de terre (que l'on introduit en général à 6 mois). Ils sont difficiles à trouver, mais vous y arriverez ! Au bout de 15 jours, une fois que votre bébé est habitué à la cuillère et au goût, vous pourrez sans problème lui proposer des purées/compotes maison.

Voici les grandes étapes de la diversification en fonction des âges :

- **À la fin du 4e mois**, votre bébé fait quatre repas par jour. Il continue à boire son lait le matin et le soir. Le midi, il prend 65 g de purée de légumes (½ pot) + un biberon de complément. Au goûter, prévoyez 65 g de compote de fruits + un biberon de complément.
- **Vers 5 ou 6 mois**, introduisez des légumes le soir, en plus du lait.
- **À 6 mois**, vous pouvez remplacer le lait du goûter par un laitage (yaourt, fromage blanc). Vous introduisez aussi les protéines au déjeuner : de la viande rouge ou blanche bien cuite

et bien mixée, du poisson pas trop gras (colin, cabillaud), du poulet, de la dinde, du jambon ou du jaune d'œuf bien cuit. Comptez une cuillère à café, pas plus. Vous pouvez aussi introduire la pomme de terre. Les purées de légumes « maison » devront contenir ¾ de légume vert et ¼ de pomme de terre ou de carotte (qui servira de « liant »).

- **Vers 8-9 mois**, augmentez la quantité de protéines animales à deux cuillères à café. Vous pouvez aussi commencer le blanc d'œuf (bien cuit). Vous pouvez lui donner un petit croûton de pain à l'heure du déjeuner et un boudoir pas trop sucré à l'heure du goûter. Le soir, enrichissez sa soupe de légumes avec quelques cuillères de petites pâtes (alphabet, vermicelles) ou de semoule. Vous pouvez aussi rendre son lait du soir plus onctueux en mélangeant un petit fromage fondu.
- **Vers 1 an**, votre bébé mange désormais de nombreux aliments. Vous pouvez lui donner des crudités (tomate, concombre, carotte, betterave, maïs, radis…) sans vinaigrette, tous les légumes cuits (même les champignons et les lentilles), tous les fruits frais, même les fruits exotiques, des féculents (riz, pâtes…), tous les fromages pasteurisés (attendez ses deux ans pour ceux au lait cru), et des produits type pâte à tarte (brisée, sablée ou feuilletée). Il pourra goûter quelques bouchées de quiche ou de

tarte, un morceau de crêpe, un petit morceau du bord de la pizza (pâte à pain), mais pas l'intérieur (trop riche). Il pourra aussi manger un ou deux petits morceaux de pain par jour, toujours au moment du repas, jamais entre les repas, ainsi qu'un petit gâteau au moment du goûter (boudoir ou petit-beurre), en évitant les gâteaux fourrés au chocolat ou aux fruits, trop riches. Vous pouvez aussi le laisser mâchouiller une petite tranche de saucisson ou sucer un petit carré de chocolat. Vous pouvez ajouter un filet d'huile d'olive sur ses crudités, un peu de beurre dans ses purées...

- **À partir de 1 an**, on ne compte plus les quantités au millilitre ou au gramme près, il faut simplement respecter trois règles :
  - Donner à votre enfant **au moins 500 g de laitages par jour** pour lui apporter du calcium en quantité suffisante. Sachez qu'un biberon de 300 ml fait 300 g, un yaourt 100 à 120 g, un petit-suisse 60 g et une portion de fromage fondu aux alentours de 20 g.
  - Comptez **200 g de légumes verts minimum** par jour, pour combler ses besoins en fer.
  - Limitez-vous à **une cuillère à soupe de protéines** par jour (soit 15-20 g), pour respecter sa physiologie rénale et ne pas surcharger ses reins.

Les petits conseils pratiques en +

• N'oubliez pas que la diversification obéit à des règles précises liées à la maturité intestinale et rénale de votre bébé : votre pédiatre est là pour vous guider, n'hésitez pas à lui poser toutes les questions nécessaires.

• Au début, vous devrez agir avec beaucoup de rigueur pour imposer un certain rythme aux repas. Même si votre bébé réclame à manger avant l'heure, faites-le patienter. Évitez également de le faire grignoter entre les repas.

• Abstenez-vous de proposer trop d'eau à votre bébé. Jusque 18-20 mois, l'eau des aliments lui suffit. Les tout-petits ne boivent de l'eau qu'en cas de fièvre, de diarrhée ou quand il fait très chaud, afin de compenser les pertes hydriques dues à la transpiration.

• Si vous ne cuisinez pas, rassurez-vous : les petits pots sont des préparations sûres et parfaitement adaptées au bébé. Vous pouvez les utiliser sans culpabiliser, et même jusqu'à l'âge de deux ans.

Les aliments à ne pas lui donner avant trois ans

- Les **crèmes dessert**, même celles du rayon bébé. Elles contiennent trop de colorants et de conservateurs, elles sont aussi trop riches, trop grasses et trop sucrées.
- Les **produits de la mer** (coquillages, crustacés, surimi, tarama...), car ils sont allergisants. Seules exceptions : le poisson (dès six mois), et les crevettes (qui peuvent être données dès deux ans).
- Les **fruits secs à coque entiers** (amandes, noisettes, pistaches, cacahuètes, noix de cajou, noix de Pécan...) : ils sont déconseillés et contre-indiqués en raison du risque de syndrome de pénétration bronchique (mais rien n'empêche de mettre un peu de poudre d'amandes dans un gâteau, à partir d'un an). Faites tout particulièrement attention à la cacahuète, en raison du risque d'allergie à l'arachide. Attention aux produits qui contiennent ces fruits secs, notamment les Curly et le Nutella.
- Les **plats en sauce et cuisinés** : blanquette, cassoulet, bourguignon... Mieux vaut proposer un repas plus équilibré, moins riche et moins gras.

Chapitre 3

SOINS ET SANTÉ : MODE D'EMPLOI POUR ASSURER COMME UN CHEF AVEC BÉBÉ

53. Comment changer une couche ?

Changer une couche : un geste que vous allez sûrement faire et refaire des centaines de fois (voire des milliers) durant les deux à trois premières années de votre bébé. Vous allez vite devenir un vrai pro, mais en attendant, les premières fois seront sûrement un peu hésitantes. Même si la puéricultrice vous a montré les bons gestes à faire la maternité, une petite révision n'est jamais inutile.

Étape 1 : vérifiez que tout le matériel nécessaire est à portée de main avant de prendre votre bébé : couche propre, coton ou lingettes, eau, liniment ou lotion pour le change, crème pour les fesses irritées (si nécessaire) et éventuellement body et/ou vêtements de rechange (en cas de petite fuite)… N'oubliez pas de vous laver les mains.

Étape 2 : allongez votre bébé sur le matelas de la table à langer. Gardez toujours une main sur lui, quoi que vous fassiez (d'où l'importance d'avoir préparé tout le matériel à l'avance). Enlevez-lui le bas (inutile de le déshabiller en entier) et ouvrez son body.

Étape 3 : ouvrez la couche sale. Si nécessaire, utilisez-la pour ramasser le plus gros des selles, puis repliez la couche sous ses fesses. Nettoyez sa peau avec un coton humidifié ou une lingette (de l'avant vers l'arrière pour limiter les risques d'infections urinaires avec des germes contenus dans les selles). Assurez-vous de bien nettoyer tous les petits plis. Séchez ensuite soigneusement la peau en tapotant doucement avec une serviette de toilette propre. Insistez sur les plis qui ne doivent pas être humides (en raison du risque de mycose).

Étape 4 : repliez la couche sale et jetez-la dans la poubelle. Ouvrez la couche propre et passez-la sous les fesses de votre bébé (la partie avec les bandes autoagrippantes vers le haut, sous le dos du bébé). Refermez la couche avec les bandes autoagrippantes en serrant suffisamment mais pas trop. Puis rhabillez votre bébé. Mission accomplie !

Les petits conseils pratiques en +

- Attention aux lingettes. Utilisées sur le long terme, elles peuvent irriter la peau. À utiliser donc seulement de manière occasionnelle, en balade par exemple.
- Si la peau de votre bébé est rouge, vous pouvez appliquer une crème anti-irritations (demandez conseil à votre pédiatre ou à votre pharmacien). Veillez également à bien sécher sa peau après le change, et à ne pas lui laisser trop longtemps une couche sale.
- Le changer avant ou après le repas ? C'est vous qui voyez ! Certains bébés ne supportent pas d'avoir leur couche sale, d'autres ne peuvent pas attendre pour manger.
- Quant au nombre de couches à changer par jour, il évolue en fonction de l'âge de l'enfant. Comptez entre six et dix par jour pour un nouveau-né, un peu moins quand il grandit…

Paroles de papa

« À la naissance de notre fille, nous avons fait du 50/50. J'ai changé autant de couches que ma femme, elle pourra vous le dire. Mais chacun avait sa spécialité. Le bain, c'était plutôt ma femme. Quant à moi, n'étant pas un gros dormeur, je me chargeais plutôt des biberons qu'il fallait donner tôt le matin. Mais nous n'avons pas fait un Yalta des tâches, cela s'est fait très naturellement. »

Thierry, papa d'Inès

54. Comment l'habiller ?

Habiller un bébé, en particulier un nouveau-né, n'est pas chose facile, surtout pour de jeunes parents, et *a fortiori* pour les nouveaux papas ! Rassurez-vous : c'est comme tout, cela s'apprend. Vous allez sûrement galérer un peu au début, mais très vite, vous allez devenir un pro.

Parmi les vêtements les plus « déroutants » à mettre à un bébé, figure en bonne place le body. C'est le vêtement n° 1 de Bébé : il en porte jour et nuit, été comme hiver. Le body fait office à la fois de maillot de corps et de culotte, et votre bébé en portera jusqu'à l'âge de la propreté environ. D'où l'intérêt de savoir comment le mettre.

- Sachez tout d'abord qu'il existe différents modèles. Certains s'enfilent par la tête, d'autres se ferment dans le dos à l'aide de petits boutons, d'autres encore se ferment sur le devant : ce sont les plus pratiques, car vous n'avez pas à faire passer la tête de Bébé par le col, ni à retourner votre bébé une fois le body enfilé.

- L'étape la plus compliquée, si vous disposez d'un body qui s'enfile par la tête : écartez au maximum les bords du col afin de passer le crâne de votre bébé (ne tirez surtout pas sur le body pour le faire passer). Cette technique marche aussi pour tous les vêtements à col rond : T-shirts, pulls, pyjamas…
- Autre étape compliquée : l'enfilage des manches longues. La technique la plus efficace (valable également pour les autres vêtements à manches longues) : passez deux ou trois de vos doigts dans l'extrémité de la manche en la tire-bouchonnant et attrapez la petite main de votre bébé. Déroulez ensuite la manche tout doucement le long de son bras.

Les petits conseils pratiques en +

- Vous ne savez pas **dans quel sens mettre ce pull** (les boutons, devant ou derrière ?) ou ce pyjama (les pressions, sur le devant ou dans le dos ?). Rassurez-vous : vous n'êtes pas le seul ! La solution est de repérer l'étiquette. La plupart du temps, elle est placée dans le dos du vêtement... oui, enfin, pas toujours.

• **Pour enfiler des chaussettes à un bébé**, il existe aussi une technique efficace : retroussez la chaussette sur elle-même avant d'y placer le bout des orteils de Bébé et de la dérouler jusqu'à sa cheville.

• **N'oubliez pas de vous adapter à la saison.** Quand il fait froid, prévoyez une couche de vêtements supplémentaires par rapport à un adulte (le body, par exemple). Sachez aussi qu'il vaut toujours mieux superposer plusieurs épaisseurs (body, T-shirt en coton, gilet en laine, doudoune) plutôt que de lui mettre un seul gros pull pas très confortable. Pensez bien à couvrir ses extrémités (mains, pieds, tête), plus sensibles au froid. À l'inverse, quand il fait chaud, ne le couvrez pas trop, mais prévoyez un petit gilet ou sweat en coton que vous pourrez mettre ou enlever en fonction de la température, par exemple si vous entrez dans un magasin climatisé. Et pas de bonnet s'il fait plus de 10 °C, sauf pendant le premier mois.

55. Comment lui donner le bain ?

Le bain de Bébé est un grand moment d'émotion, que vous aurez peut-être le bonheur de découvrir à la maternité. Dans certains établissements en effet, le premier bain est souvent une mission réservée au papa. Une bonne occasion pour apprendre les gestes à faire et à ne pas faire car vous êtes encadré, au moins une fois ou deux, par une puéricultrice ou une infirmière. Si on ne vous le propose pas, n'hésitez pas à le réclamer !

Petit rappel du mode d'emploi :

Étape 1 : faites couler le bain de Bébé à la bonne température, à savoir 37 °C. Vérifiez-la à l'aide d'un thermomètre de bain. Pensez aussi à vérifier la température de la salle de bains (22 °C idéalement) afin que votre bébé n'ait pas froid.

Étape 2 : allongez votre bébé sur la table à langer, déshabillez-le et enlevez-lui sa couche. Nettoyez-le si nécessaire.

Étape 3 : passez votre main gauche (si vous êtes droitier) sous le cou de votre bébé de manière à attraper son épaule. Sa nuque repose sur votre poignet. Attrapez le bas de son corps avec votre autre main, puis plongez tout doucement votre bébé dans le bain.

Étape 3 : toujours en soutenant bien sa nuque, laissez votre bébé s'ébattre dans l'eau pendant quelques minutes. Savonnez-le tout doucement, et arrosez-le régulièrement afin qu'il n'ait pas froid.

Étape 4 : sortez votre bébé de l'eau, allongez-le sur la table à langer et enveloppez-le immédiatement dans une grande serviette. Séchez-le soigneusement en tapotant doucement sa peau, sans oublier les petits plis. Puis remettez-lui une couche et rhabillez-le.

Les petits conseils pratiques en +

- Inutile de baigner un nouveau-né tous les jours : une fois tous les deux jours suffit amplement pendant les deux ou trois premiers mois. En effet, sa peau est fragile et le contact de l'eau peut l'irriter. Par la suite, vous pourrez opter pour un bain quotidien : Bébé adore ça !
- Vers huit mois environ, votre bébé commencera à se tenir assis tout seul dans le bain. Attention de ne jamais le quitter des yeux : un accident est vite arrivé, même dans 20 cm d'eau ! Éteignez ou laissez votre portable à distance quand vous lui donnez le bain, pour éviter d'être distrait.

56. Comment le coucher ?

Les premières semaines, votre bébé va passer une grande partie de son temps dans son lit : 11 à 20 heures sur 24. Quelques règles concernant le couchage vont faciliter ses nuits et garantir sa sécurité.

- Les premiers mois, il est recommandé de coucher votre bébé **dans votre chambre**, dans son petit lit, pour faciliter l'alimentation de nuit et pour le sécuriser par votre présence. Au-delà de cinq-six mois, il est préférable qu'il ait sa propre chambre.
- La **température idéale** de la chambre doit être de 19-20 °C. Si l'air est trop sec (par exemple, en cas de chauffage électrique), vous pouvez faire sécher du linge à côté de son lit, placer une bassine ou un bol d'eau, ou investir dans un humidificateur d'air. Le degré d'hygrométrie idéal se situe vers 45-50 %. La pièce doit être aérée quotidiennement (au moins 15 minutes, été comme hiver). Ne fumez jamais dans la chambre de Bébé, et passez régulièrement l'aspirateur dans la chambre, sans oublier le lit et le matelas, pour éliminer les acariens.
- Assurez-vous de choisir **un matelas ferme** adapté aux dimensions du cadre du lit pour éviter les risques d'étouffement. Le matelas doit être recouvert d'une alèse et d'un drap-housse de bonnes dimensions. Ne le couchez

pas sur une serviette éponge ou un molleton. N'utilisez pas de coussin d'allaitement ou de coussin classique pour le caler : votre bébé doit pouvoir bouger librement. N'utilisez pas de matelas supplémentaire dans un lit parapluie.

- **Évitez les draps, couvertures, couette et oreillers** sous lesquels il pourrait s'enfouir, jusqu'à deux ans. Veillez à ce qu'aucun objet ne puisse recouvrir son visage ou s'entourer autour de son cou (lange, vêtement, cale-bébé, collier en ambre...). Ne l'habituez pas à s'endormir avec un doudou sur la tête ou le visage : de toute façon, les premiers mois, le doudou n'est pas indispensable. C'est seulement au moment de la période d'anxiété de séparation vers sept-neuf mois que le bébé choisira son doudou préféré.
- **N'utilisez pas de tour de lit** afin qu'il ne risque pas d'enfouir sa tête dans ce rebord matelassé. Il s'habituera vite à la présence des barreaux sans pour autant se cogner la tête !
- Si vous avez installé un mobile au-dessus de son lit, veillez à ce qu'il soit **fixé solidement.**
- Assurez-vous que **le lit est bien placé** afin que le soleil n'éblouisse pas Bébé pendant la sieste.
- **Laissez les volets ouverts dans la journée** même lorsque Bébé y dort (dans ce cas, fermez les rideaux). Fermez les volets uniquement la nuit afin de l'aider à organiser son rythme veille/sommeil.

- Couchez votre bébé sur le dos **dans une turbulette ou une gigoteuse** adaptée à sa taille afin qu'il ne glisse pas à l'intérieur, que ce soit pour la sieste ou pour la nuit, et cela jusqu'à deux ans. Ne le couvrez pas trop, surtout s'il a de la fièvre : au contraire, découvrez-le.
- **Couchez-le toujours sur le dos**, jamais sur le ventre ou sur le côté (car cette position est trop instable). C'est la recommandation principale pour qu'il évite d'enfouir son visage dans le matelas et ne puisse plus se dégager.

Quelle solution contre la « tête plate » ?

La plagiocéphalie positionnelle* (l'aplatissement de la partie postérieure du crâne) est favorisée par le couchage sur le dos, mais pas seulement. Une étude récente a montré que l'utilisation précoce et prolongée des cosys et des transats dès la sortie de la maternité a pour effet de limiter les mouvements de rotation cervicale du bébé. Il est donc préférable d'utiliser la nacelle de landau et de limiter le temps en cosy lors des trajets en voiture. Dès les premiers mois, pendant la période d'éveil, au lieu d'utiliser le transat avec une arche de jeux, mettez votre bébé en position ventrale sur un tapis d'éveil. Cela permettra de prévenir le syndrome de la tête plate, mais aussi l'aidera à mieux gérer la position ventrale dès qu'il sera capable de se retourner du dos sur le ventre (vers quatre ou cinq mois). Installez-lui des petits jeux d'éveil et restez toujours en face de lui, dans son champ visuel, afin de le rassurer. Mettez-le dans cette position, 10 à 15 minutes deux ou trois fois par jour. Autre solution pour éviter la tête plate : modifier la position de sa tête pendant qu'il dort sur le dos : une semaine orienté d'un côté, l'autre de l'autre côté. Vous pouvez aussi changer régulièrement la position de son lit : on sait en effet que les bébés ont tendance à tourner plutôt la tête vers le côté lumineux (fenêtre).

57. *Comment faire pour le moucher ?*

Si votre bébé est enrhumé, a le nez qui coule ou qui est obstrué par des sécrétions épaisses, il est important d'apprendre à le moucher pour faciliter sa respiration (qui est principalement nasale). C'est ce que l'on appelle la désobstruction rhino-pharyngée.

Attention, **elle ne doit pas se faire de façon systématique, mais uniquement quand Bébé est enrhumé**. Sachez donc, avant tout, repérer quand c'est nécessaire ! En effet, beaucoup de bébés ont, pendant les cinq ou six premiers mois de vie, les voies nasales postérieures étroites et donc une respiration nasale un peu bruyante, ce qui incite à penser qu'il s'agit d'un rhume. Or ce ronflement n'est dû qu'à l'étroitesse des voies nasales. Il n'y a aucun soin particulier à effectuer car Bébé n'est pas gêné pour respirer.

La désobstruction rhino-pharyngée se pratique généralement avant le repas, afin que le bébé puisse s'alimenter normalement, sans sensation d'essoufflement. Il existe quatre grandes techniques.

- **Le mouchage.** Roulez des petits morceaux de coton en forme de cône puis imbibez ces tiges de coton avec du sérum physiologique. Introduisez une tige par narine pour la nettoyer, puis jetez-la. Le soin est terminé quand les narines sont propres. C'est un geste simple, non invasif et confortable pour l'enfant.
- **L'instillation.** Cette technique a les mêmes avantages que le mouchage. Elle est parfois complémentaire du mouchage si ce dernier n'a pas été assez efficace. Placez l'enfant sur le dos et instillez deux à quatre gouttes de sérum physiologique dans chaque narine. Au moment où il expire, fermez la bouche du bébé, puis

remontez-le en position droite afin de récupérer les sécrétions remontées au niveau du nez et dans la bouche. Le soin est terminé quand les voies aériennes sont dégagées.

- **La désobstruction rhino-pharyngée volumétrique.** C'est un soin un peu invasif, qui peut être assez désagréable pour le bébé, mais très efficace. Placez l'enfant sur le dos en tenant sa tête d'un côté. Introduisez la dosette de sérum dans la narine et pressez franchement afin de vider la moitié de la dosette. Recueillez ensuite les sécrétions dans l'autre narine tout en tenant la tête de l'enfant de l'autre côté.
- **La désobstruction rhino-pharyngée par aspiration** qui, comme son nom l'indique, consiste à aspirer les sécrétions. Cette méthode est très prisée par les jeunes parents car elle est à la fois pratique et efficace. On peut pour cela utiliser une dosette vidée de sérum physiologique : positionnez le bébé sur le dos, faites le vide dans la dosette et introduisez doucement l'embout de la dosette à l'entrée de la narine. Relâchez la pression sur la dosette, ce qui a un effet d'aspiration. Vous pouvez aussi utiliser un mouche-bébé. Il en existe plusieurs sortes : des petites poires en caoutchouc pas très efficaces ; des mouche-bébé électriques qui relèvent plus du gadget et qui peuvent occasionner des petits saignements ; et des mouche-bébé mécaniques avec tuyau aspirateur (c'est l'option la plus

recommandée par les pédiatres). Le principe est simple : le parent aspire une narine après l'autre, afin de récupérer toutes les sécrétions nasales. Veillez à changer d'embout buccal à chaque fois, et à freiner l'aspiration avant que les sécrétions n'atteignent votre propre bouche.

Sérum phy ou spray ?

Quand les sécrétions nasales sont claires, la désobstruction rhino-pharyngée (avec l'une des techniques ci-dessus) suffit. Le seul produit utile est le sérum physiologique ou le spray nasal d'eau de mer. Si la désobstruction rhino-pharyngée est bien faite, mais que votre bébé a le nez encore très obstrué, vous pouvez opter pour une préparation pharmaceutique sous forme de spray (demandez conseil à votre médecin). Ces produits sont à utiliser après la désobstruction rhino-pharyngée classique et l'aspiration nasale, car si le nez coule sans arrêt, le principe actif ne restera pas en contact avec la muqueuse nasale, ce qui aura peu d'effet thérapeutique pour le bébé.

58. Comment nettoyer son cordon ombilical ?

Le soin du cordon ombilical doit être fait dès la maternité et pendant quelques semaines après la naissance. Au début, cela peut paraître impressionnant, mais vous allez le faire rapidement et avec aisance !

À la naissance, le cordon (qui reliait la maman et le bébé, et qui a été coupé lors de l'accouchement), n'est plus vascularisé ni innervé. Le cordon étant totalement insensible, les soins que vous prodiguerez n'occasionneront aucune douleur au bébé. Le clamp (pince qui permet de couper la circulation sanguine) est généralement retiré avant la sortie de la maternité. Le cordon va tomber tout seul en une à trois semaines dans la plupart des cas (mais la chute du cordon peut être beaucoup plus tardive, jusqu'à six, voire huit semaines dans de rares cas). Il doit rester sec et propre jusqu'à sa chute : c'est la condition pour qu'il cicatrise correctement. Pour faciliter la cicatrisation rapide, il existe des petites astuces :

- **Nettoyez le cordon à l'eau et au savon deux ou trois fois par jour**, surtout s'il ramollit ou si sa base rougit ou ne sent pas très bon. Nettoyez soigneusement en dessous de la pince (si elle est toujours en place) ou du cordon. Enlevez les croûtes de sang, qui peuvent persister quelques jours. Séchez bien ensuite.

- Après le nettoyage, **désinfectez avec des produits à base de chlorhexidine**. Utilisez des solutions sans alcool (car l'alcool favorise le saignement). En complément, vous pouvez utiliser des produits asséchants. L'éosine aqueuse n'est plus utilisée, optez plutôt pour une solution asséchante transparente.
- **Sachez que le bain n'est pas contre-indiqué** (il l'a été pendant de nombreuses années). Pensez toujours à bien sécher la zone qui entoure le cordon.
- **Pour remettre la couche de Bébé,** soulevez le cordon et placez-le dans la position la plus verticale possible par rapport à la peau. Fermez la couche en dessous du cordon, en la descendant légèrement par rapport à la taille pour éviter que l'humidité des urines n'empêche le séchage. Si vous avez un petit garçon, positionnez son sexe vers le bas pour qu'il n'arrose pas le cordon.
- **Si Bébé pleure pendant le soin,** ce n'est parce qu'il a mal, mais parce que le liquide froid le surprend. N'oubliez pas d'emmailloter le haut son corps pour qu'il ait bien chaud.
- **Continuez les soins pendant 2 ou 3 jours après la chute du cordon.** Vous pourrez ensuite laver son nombril comme n'importe quelle autre partie de son corps. Il est parfois nécessaire d'utiliser un Coton-Tige pour enlever les petites croûtes de sang.

- **Si vous constatez une petite boule rosée** qui suinte au fond de son ombilic (bourgeon ombilical), rassurez-vous : elle se résorbera toute seule. Si la boule est un peu grosse, votre pédiatre vous conseillera de l'assécher avec un bâtonnet au nitrate d'argent. Ce soin est à faire deux ou trois fois par jour pendant deux ou trois jours.
- **Si le cordon saigne régulièrement** malgré l'utilisation d'un produit sans alcool, s'il reste mou, sent mauvais ou n'est pas tombé au bout de deux mois, consultez le pédiatre.

59. Quels sont les vaccins obligatoires et les vaccins facultatifs ?

En France, depuis le 1er janvier 2018, onze vaccins sont obligatoires :

- le vaccin antidiphtérique,
- le vaccin antitétanique,
- le vaccin antipoliomyélitique,
- le vaccin anticoquelucheux (notez que la coqueluche est potentiellement grave avant l'âge de 3 mois en raison du risque d'apnées et de quintes asphyxiantes, pouvant conduire à une hospitalisation pour surveillance par score des rythmes cardiaques et respiratoires),

- le vaccin anti-*Hæmophilus influenzae* de type B (responsable de méningites à pneumocoque),
- le vaccin antihépatite B (vaccin qui a été très polémique mais dont il est maintenant certain qu'il est d'une innocuité totale lorsqu'il est pratiqué avant l'âge de deux ans),
- le Prévenar (vaccin antipneumococcique),
- le vaccin ROR (rougeole, oreillons et rubéole),
- et enfin le vaccin contre la méningite à méningocoque de type C.

En pratique, voici le calendrier de ces vaccinations obligatoires :

- **À 2 mois :**
  - Le vaccin hexavalent avec les six premiers vaccins cités ci-dessus (DTCoq, polio, *Hæmophilus influenzae* de type B et hépatite B).
  - Et le vaccin antipneumococcique pour éviter la méningite à pneumocoque, une méningite très sévère avec des séquelles auditives et cérébrales fréquentes. Des effets secondaires sont possibles : douleur au point d'injection, fièvre pendant quelques heures le jour même ou le lendemain du vaccin. Certains pédiatres le pratiquent sur la face antérieure de la cuisse, d'autres dans les fesses, ce qui est moins douloureux. L'utilisation d'une crème anesthésique est un leurre car

elle insensibilise la peau sur 2 à 4 mm de profondeur or, ce qui fait mal, ce n'est pas l'aiguille et son impact, mais le produit. Celui-ci est diffusé au bout d'une aiguille de 12 mm, donc dans une zone qui n'est pas anesthésiée.

- **À 4 mois** : deuxième injection pour ces deux vaccins (qui regroupent donc sept vaccins).
- **À 5 mois** : première injection du vaccin antiméningococcique de type C, qui protège d'une des méningites à méningocoque, d'évolution parfois fulminante, qui est la hantise des pédiatres.
- **À 11 mois** : rappel des injections faites à 2 et 4 mois (vaccin hexavalent et Prévenar).
- **À 12 mois** :
  – Le vaccin ROR (rougeole, oreillons, rubéole). C'est un vaccin à virus vivant atténué. Hormis la douleur au point d'injection, le produit en lui-même n'est pas douloureux. Dans 10 à 15 % des cas, de la fièvre peut survenir six à dix jours après le premier vaccin. Elle peut durer deux à trois jours et atteindre 39 à 39,5 °C. Cette fièvre effraie souvent les parents et les rendait réticents à faire pratiquer ce vaccin lorsqu'il n'était pas encore obligatoire. Gardez en tête que si le virus atténué peut entraîner une telle fièvre, imaginez ce qu'elle pourrait alors être

si votre enfant était atteint par un virus de la rougeole non atténué !
– Et le rappel du vaccin antiméningococcique de type C.

- **À 16 mois** : deuxième injection du vaccin ROR.
- Les rappels des vaccins DTPolio et coqueluche se font ensuite à 6 et 11 ans (puis à l'âge adulte à 25 ans, 45 ans et 65 ans puis tous les 10 ans à partir de 65 ans).

À côté de ces vaccins obligatoires, d'autres vaccins peuvent, en fonction du contexte, vous être conseillés :

- **Le vaccin antituberculeux ou BCG.** Depuis janvier 2006, le seul restant sur le marché est le BCG SSI des laboratoires Pasteur. Il est pratiqué par voie intradermique stricte : sur le bras, sur l'épaule ou sous le bras. C'est un vaccin différent de tous les autres car il agit selon un mécanisme immunitaire différent. Il est fortement recommandé dans les grandes villes et leur petite couronne (Paris, Lyon, Marseille, Bordeaux, Toulouse). Il n'est que moyennement efficace contre la tuberculose pulmonaire (50 à 80 % d'efficacité), mais en revanche, il prévient efficacement l'ostéite tuberculeuse et la méningite tuberculeuse. Le BCG ne donne pas de fièvre. En revanche, quatre à six semaines après le vaccin, une tuméfaction apparaît en regard du point d'injection dans un tiers des cas : c'est la BCGite, amas de pus (mais sans microbe, donc inutile de désinfecter) qu'il faudra évacuer pour favoriser une cicatrisation de bonne qualité.

- Il existe aussi, depuis peu, un **vaccin contre la méningite à méningocoque de type B**, une maladie également très grave. Mais pour l'instant, le coût de ce vaccin est élevé, et il n'est pas remboursé par la Sécurité sociale. Même s'il est très recommandé, il ne figure donc pas pour l'instant dans le calendrier vaccinal, mais il est possible de le pratiquer dès 3 mois, avec un rappel à 5 mois.
- **Le vaccin oral contre la gastro-entérite à rotavirus.** Il est aujourd'hui fabriqué par deux laboratoires différents. Il consiste en deux ou trois prises orales (en fonction de la marque prescrite par le médecin). Pour être efficace, il doit se faire à partir de l'âge de deux mois et avant l'âge de cinq mois pour la première administration, avec un intervalle d'un mois (un mois et demi maximum) entre deux prises, et avant six mois pour la deuxième administration. Le rotavirus est responsable de 30 à 40 % des gastro-entérites. Ce sont les plus sévères, celles qui mènent le plus souvent à une déshydratation et à une hospitalisation. Depuis qu'il est pratiqué, le nombre d'hospitalisations pour gastro-entérites est en chute libre. Dans de

très rares cas, il peut causer une invagination intestinale aiguë provoquée par une augmentation de volume des ganglions mésentériques (à l'intérieur de l'abdomen) qui compriment l'intestin grêle. Du fait de cet effet secondaire potentiellement grave, il a récemment disparu des recommandations officielles. Mais il est toujours recommandé par les pédiatres chez les enfants qui vont en collectivité où il existe un risque accru de gastro-entérite, ou chez les nourrissons qui ont des aînés allant à l'école et pouvant rapporter le virus à la maison.

- **Le vaccin contre la varicelle** : il est aujourd'hui proposé par une minorité de médecins car c'est une maladie bénigne dans la grande majorité des cas. De plus, la durée de l'efficacité du vaccin n'est pas encore déterminée : on ne sait pas si le vaccin est efficace à vie ou si son effet est limité à quelques dizaines d'années. Il est en revanche proposé aux adolescents et aux adultes jeunes qui n'ont pas fait la varicelle dans leur enfance car, à leur âge, c'est une maladie plus embêtante et plus difficile à supporter.
- Il existe également **d'autres vaccins, réservés aux bébés voyageurs** :
  – le vaccin contre la méningite à méningocoque A + C, pour ceux qui vont en Afrique ;
  – le vaccin contre la fièvre jaune (vaccin antimalarile), obligatoire dès un an pour partir

en Afrique. Ce vaccin n'est pratiqué que par les médecins de l'Institut Pasteur ou de l'aéroport de Paris, car il n'est pas commercialisé par les pharmacies d'officine ;

– le vaccin contre l'hépatite A, destiné à ceux qui voyagent dans le Bassin méditerranéen (sud de l'Italie, Sicile, Maghreb) et l'Asie du Sud-Est ;
– le vaccin contre la fièvre typhoïde, à faire en cas de voyage en Afrique ou en Asie du Sud-Est ;
– le vaccin contre l'encéphalite japonaise, pour un voyage en Asie du Sud-Est ;
– le vaccin contre l'encéphalite à tique (maladie de Lyme), pour les voyages en Europe de l'Est ;
– le vaccin antirabique (rage), pour les enfants qui ont été mordus par un animal enragé (ce qui est heureusement rare). Il s'agit de quatre injections à effectuer rapidement après la morsure.

• Citons enfin le **vaccin contre le papillomavirus** (cancer du col de l'utérus). Il ne concerne pas les bébés et les enfants en bas âge, mais il est important de le citer. En effet, il s'agit d'un vaccin controversé, mais uniquement en France et en Scandinavie. Dans les pays anglo-saxons, il est pratiqué de manière plus régulière qu'en France avec des résultats bien plus probants en matière de santé publique. Pour les enfants de moins de 13 ans, il consiste en deux injections à six mois d'intervalle. Pour les plus de 14 ans, trois injections doivent être faites, la seconde un mois après la première et la troisième cinq mois après la première. Les garçons sont vecteurs de ce virus : ce sont eux qui contaminent les filles, mais seuls les Anglo-Saxons vaccinent tout le monde, garçons comme filles. En France, pour des raisons économiques, seules les filles sont vaccinées.

Pour en savoir plus sur les vaccins…

Les vaccins font actuellement l'objet de nombreuses polémiques. Pour en savoir plus, informez-vous sur des sites officiels comme Infovac.fr ou auprès de votre pédiatre, et non sur des blogs de parents opposés à la vaccination. La plupart des maladies contre lesquelles on vaccine aujourd'hui les enfants étaient des maladies sévères, voire mortelles il y a quelques années. La tuberculose pulmonaire était un véritable fléau il y a un peu plus d'une cinquantaine d'années. L'hépatite B est un problème de santé publique car une trop faible partie de la population est vaccinée. Le nombre de décès par gastro-entérite et méningite est en chute libre depuis que les vaccinations sont régulièrement effectuées.

60. Quid *des vitamines, du fer et du fluor* ?

Avant le retour à la maison de votre bébé et de votre compagne, le pédiatre de la maternité vous délivrera une ordonnance avec des compléments alimentaires à donner à Bébé : vitamine D pour tous les enfants et, dans certains cas, vitamine K, fer et/ou fluor.

- **La vitamine D** a un rôle essentiel : elle permet au calcium de l'alimentation d'être mieux absorbé par l'intestin, et de se fixer correctement sur les os. La carence en vitamine D était autrefois responsable du rachitisme carentiel. Elle est fabriquée naturellement par la peau sous l'effet du rayonnement solaire, mais comme nous vivons dans des régions peu ensoleillées et aussi parce que l'exposition solaire est déconseillée en raison du risque dermatologique, les enfants doivent prendre une supplémentation. La réglementation européenne impose un taux minimal de vitamine D dans le lait artificiel. Par ailleurs, le lait maternel est

très pauvre en vitamine D : c'est pourquoi la dose de vitamine D quotidienne administrée à un bébé nourri au sein est supérieure à celle administrée à un bébé nourri au biberon.
En pratique : la vitamine D doit être donnée de façon quotidienne, si possible à heure fixe. Elle se présente sous forme de gouttes, à doser avec une pipette. Elle ne doit pas être mise dans le biberon car elle ne se mélange pas au lait, elle flotte au-dessus du lait et reste collée aux parois du biberon. Il faut donc la mettre directement dans la bouche du bébé. À partir de 15-16 mois, les bébés sont capables de stocker la vitamine D. On leur proposera alors une dose de charge de 80 000 ou 100 000 unités tous les trois mois, sous forme d'ampoule à verser dans une petite cuillère que l'enfant devra boire jusqu'à la dernière goutte. La supplémentation doit se poursuivre toute la petite enfance, et idéalement jusqu'à l'adolescence. Quand les doses sont respectées, il n'y a pas d'effet secondaire notable, bien au contraire.

- **La vitamine K** est donnée aux nourrissons allaités exclusivement au sein. Elle permet de prévenir le risque de maladie hémorragique. Le foie des bébés étant immature, il ne fabrique pas les facteurs de coagulation en quantité nécessaire. La vitamine K se trouve en petite quantité dans le lait artificiel, mais pas dans le lait maternel. Le protocole le plus récent recommande d'administrer aux bébés nourris exclusivement au sein une ampoule à 2 mg de vitamine K1 à trois jours, 7 jours et un mois de vie.

- **Le fer** est prescrit à certains enfants, notamment les bébés prématurés qui ont un stock de fer insuffisant. Il peut aussi être donné aux bébés allaités depuis plusieurs mois dont la maman est épuisée et elle-même carencée en fer. La carence en fer se manifeste par un teint et des conjonctives pâles. L'anémie est confirmée par un dosage de l'hémoglobine. Le sirop de fer est alors prescrit pour une durée de trois mois minimum avec un contrôle de numération formule sanguine pour vérifier la correction de l'anémie. Cette supplémentation peut entraîner une accélération du transit intestinal avec une coloration noirâtre des selles qui ne doit pas vous inquiéter.
- La supplémentation en **fluor** peut également être envisagée. Elle est controversée depuis quelques années du fait du risque de fluorose (accumulation de fluor dans l'organisme, notamment au niveau osseux) mais les dentistes, eux, constatent une nette diminution de la prévalence des caries chez les enfants qui ont bénéficié d'une supplémentation en fluor. Avant, elle était proposée aux enfants jusqu'à l'âge de six ans avec des doses croissantes en fonction de l'âge. Aujourd'hui, seule une

minorité de pédiatres continuent à en prescrire associée à la vitamine D de façon quotidienne jusqu'à l'âge de 15 ou 18 mois. À partir de deux ans, il est conseillé de brosser les dents de l'enfant avec un dentifrice légèrement fluoré. Et comme à cet âge, ils ne savent pas bien recracher le dentifrice, ils ingurgitent une petite dose de fluor suffisante pour assurer la prévention des caries dentaires. Les dentistes consultés sur le sujet restent cependant favorables à l'administration de fluor.

61. Circoncision ou décalottage ?

En dehors de l'aspect culturel de la circoncision pour lequel les parents ne demandent pas l'avis du pédiatre (mais lui demandent parfois une adresse de chirurgien compétent), les parents se posent la question pour des motifs d'hygiène. Il faut savoir que, quand le zizi d'un petit garçon est décalotté correctement, son sexe est aussi propre que le sexe d'un petit garçon circoncis. À la naissance, le prépuce est souvent très étroit, et **il faut éviter de faire des manœuvres de décalottage** dès les premières semaines. Cela risquerait d'entraîner des cicatrices fibreuses qui pourraient gêner l'enfant au moment des érections. À partir de neuf mois-un an, l'enfant découvre son zizi et a tendance à faire spontanément, surtout dans le bain, des petites manœuvres de traction. Quand le prépuce recouvre le gland, des petites sécrétions qui coagulent comme du blanc d'œuf (Smegma*) constituent une sorte de colle qui maintient le prépuce collé au gland. Quand ces adhérences sont abondantes, **le pédiatre peut proposer d'effectuer un décalottage doux** afin de retirer l'excès de smegma. Certains parents sont réticents à l'idée de cette manœuvre qui, même si elle est effectuée de manière douce, peut entraîner des douleurs mictionnelles (néanmoins très transitoires). Dans ce cas, il faudra simplement attendre que les premières érections du bébé éradiquent ces adhérences. Sur le plan pédiatrique pur, certains prépuces très étroits sont indécalottables, même après un an : c'est ce que l'on appelle **un phimosis, qui constitue une indication chirurgicale à la circoncision.** D'autres indications sont moins franches, comme celle d'un anneau préputial un peu serré (dans ce cas, un avis urologique sera demandé).

Si les parents sont demandeurs d'une circoncision pour des questions d'hygiène, il est important de rappeler que lorsque la circoncision n'est pas faite pour des motifs culturels ou religieux, elle est **une atteinte à l'intégrité corporelle des individus**, pas au même titre que l'excision, mais tout de même. Il faut donc informer sans culpabiliser. Dans certains pays européens, on voit même apparaître des associations anticirconcision…

Chapitre 4
MOI, MON ENFANT ET NOTRE COUPLE

62. Est-ce que l'instinct paternel existe ?

Vaste question ! Est-on instinctivement un bon père ou apprend-on à le devenir ? Qu'est-ce que veut dire « être un bon père » ? Selon certains psychothérapeutes, l'instinct paternel est la préparation de l'esprit du futur papa pour accueillir l'enfant. Mais au quotidien, le stress, la colère ou encore l'insécurité financière peuvent être au premier plan et inhiber cette préparation mentale. Si un papa n'éprouve pas ce fameux instinct, cela ne veut pas dire qu'il n'aime pas son bébé, mais plutôt que quelque chose inhibe ce mécanisme. Cela nécessite que le papa prête de l'attention à ce désir qu'il a d'être avec son enfant.

Selon les sociologues ou les neurobiologistes de l'Institut Pasteur, aucun instinct ne s'exprime à l'état brut chez l'être humain. Tout est toujours contrôlé par la culture. En fonction de son passé psychique et affectif, chaque homme se comporte différemment en face de son propre enfant. Il n'y a pas que l'action des hormones qui intervient, notre cerveau est d'une grande complexité. **Une étude récente montre que la relation entre un parent et son enfant est avant tout le résultat de la somme de moments de vie.** Des chercheurs de Lyon ont ainsi fait écouter aux parents des pleurs de nourrissons de trois mois, dont ceux de leur propre enfant. Ils ont remarqué que plus les parents passent de temps chaque jour avec leur enfant, plus ils sont à même de reconnaître les pleurs de celui-ci parmi une multitude d'autres. Cette enquête montre donc l'importance de l'apprentissage. **Ce que l'on appelle l'instinct paternel ne serait finalement que le reflet de l'implication de plus en plus grande des hommes pendant la grossesse et les premiers mois de l'enfant** qui étaient, il y a encore quelques années, exclusivement ou presque, l'apanage de la maman. Grâce à une meilleure répartition des tâches familiales, au congé paternité*, les papas prennent une place de plus en plus grande et vont même jusqu'à la revendiquer. Le papa est en train de devenir une figure d'attachement essentielle pour l'enfant – il l'a toujours été, mais il le devient plus encore –, cet enfant qui reconnaît dès les premières heures de vie son odeur et sa voix. Il est primordial que le père développe une relation avec son bébé. Cette place de père, il la prend dès qu'on la lui laisse. Le plus souvent, la maman est la personne qui s'occupe le plus du bébé pour les soins quotidiens, les câlins, la nourriture, le change. **Être un bon père, c'est se proposer pour le faire, même si on est débutant.** Ainsi, vous créerez un attachement entre vous deux. Et vous apprendrez à Bébé (comme à sa maman) à vivre leur première séparation, ce qui l'aidera lors des séparations ultérieures, par exemple l'entrée à la crèche ou à l'école.

Si vous avez un peu d'appréhension à l'idée de devenir puis d'être père, dites-vous que c'est normal. Devenir papa prend un certain temps. Vous le devenez au fil de la grossesse, de la naissance et chaque jour davantage. Quelle que soit votre appréhension, faites confiance à votre bébé. C'est lui qui vous fera naître en tant que papa.

Paroles de papa

« Je pense que la femme devient mère dès qu'elle est enceinte. Le père, lui, ne le devient qu'au moment de l'accouchement. Malgré tout ce que l'on peut dire sur le rôle et la participation du futur papa pendant la grossesse… Moi, ce n'est que quand le bébé est arrivé que je me suis senti papa. »

Florian, papa d'Ettan et Emmie

63. Comment trouver ma place de papa entre mon bébé et sa mère ?

La place de papa n'est pas toujours évidente à trouver, surtout dans les premières semaines. Pendant neuf mois, la maman a porté son bébé dans son ventre, et après la naissance, cette relation fusionnelle semble perdurer. Dès le premier pleur, voire avant même qu'il n'émette le moindre son, votre compagne prend votre bébé dans ses bras. À tel point que tous les deux semblent constamment collés l'un à l'autre. Si votre femme a choisi l'allaitement, cette relation peut être encore plus exclusive, et il est normal que vous vous sentiez exclu et ressentiez une forme de frustration. Surtout si votre femme n'a d'yeux que pour votre bébé ! Maintenant qu'il est né, vous passez au second plan de ses préoccupations, comme si elle n'avait plus besoin de vous (sauf pour aller acheter un paquet de couches en urgence ou passer l'aspirateur). Rassurez-vous : cette situation est tout à fait normale. Chacun doit prendre ses marques et il est important que vous restiez présent aux côtés de ce nouveau duo.

Soyez patient et faites preuve de tact, tout l'enjeu est de respecter cette relation d'amour naissante en vous immisçant en douceur pour prendre la place qui vous revient.
En vous impliquant dans le nouveau quotidien avec votre bébé, vous allez naturellement prendre votre place, au même titre que la maman. Vous n'aurez même pas à vous poser la question. Vous devenez papa en formulant le désir d'avoir un enfant, en préparant sa venue au monde, puis en étant un vrai acteur de sa vie et pas un simple spectateur. Mais ce n'est pas toujours aussi facile. Parfois, à la naissance, les mamans accaparent leur bébé. Les papas, qui ont peur de mal faire ou se sentent exclus, ne trouvent pas leur place dans ce trio. Voilà pourquoi il est important de prendre votre place dès le départ.

- **Dès la grossesse**, vous avez un rôle à jouer. Soyez présent au quotidien, assistez aux échographies, parlez régulièrement à votre bébé (il reconnaît la voix de son papa !). Au moment de la naissance, vous pouvez choisir (ou non) de couper le cordon. Cela peut représenter un symbole important, un premier pas dans votre rôle de papa. Mais si vous ne vous sentez pas à l'aise, ne vous forcez pas.
- Nombreux sont les papas qui semblent délaisser leur bébé jusqu'au moment où ils font leurs premiers pas, et attendent patiemment qu'ils marchent ou courent pour jouer au ballon avec

lui. C'est une erreur : **il faut s'impliquer avec le tout-petit dès les premiers jours.** N'hésitez pas à vous lever la nuit pour aller changer sa couche ou pour amener le bébé à sa maman et le mettre au sein. Faites-lui sentir qu'il a un papa présent. Retenez qu'un bébé n'a pas seulement besoin d'être nourri : il faut aussi le changer, le baigner, l'éveiller au monde… Mettez un point d'honneur à devenir un pro dans tous ces domaines. Prenez la responsabilité du bain et/ou du coucher (si votre emploi du temps le permet). Moins vous prendrez votre place, plus la maman vivra en fusion avec son bébé, notamment si elle l'allaite. Il vous sera alors plus difficile de prendre confiance en vous et de vous investir. Quand les mamans maternent trop leur bébé, elles installent une relation fusionnelle avec lui et le papa est considéré comme un intrus. Apprenez à votre compagne à se séparer de votre bébé, même si c'est douloureux. L'enfant a deux parents, dont chacun apporte une vision du monde différente et c'est bénéfique pour lui. Tout cela prend du temps, de l'énergie, de la patience, mais vous en récolterez les fruits.

- **Si vous avez peur** d'être maladroit avec votre bébé dans les soins à lui apporter, rassurez-vous : c'est tout à fait normal. Ce n'est pas inné de savoir donner un bain ou changer un bébé. Vous allez apprendre au fur et à mesure.

Ne renoncez pas si vous vous sentez un peu gauche au début. Le simple fait d'être aux côtés de votre bébé, de lui parler, est déjà très important pour lui.

Le papa, un tiers séparateur

Comme l'explique le pédiatre Marcel Rufo, le père est le tiers séparateur dans le duo mère-enfant. Il ne doit pas être une deuxième mère ou une mère au rabais. Au contraire, il doit être celui qui « coupe » l'enfant de sa mère (d'où ce geste symbolique de couper le cordon lors de l'accouchement) et qui met fin à leur relation fusionnelle. Il ne doit pas essayer de jouer à la maman, mais au contraire, affirmer sa différence. Cette différence, il l'apporte par le contact, la voix, la façon qu'il a de prendre son enfant dans ses bras, de le changer, de lui donner le bain ou le biberon. Même si ses gestes sont au début maladroits, le papa doit se les approprier. Il doit trouver sa propre façon de faire et ne pas se calquer sur la mère. L'enfant a besoin de ces différences. Elles lui permettent de grandir, de comprendre qu'il est un être distinct de sa mère, et que celle-ci n'est pas toute à lui.

Mon quotidien de pédiatre…

Un jour, un jeune papa m'amène son bébé en consultation à la demande de sa femme. Il le dépose sur la table d'examen comme un sac de linge sale. Comme il ne sait pas de quoi souffre son enfant, j'appelle la maman à son travail qui m'explique la situation. Durant le temps que dure cet appel, le papa se montre passif : il ne prend même pas la peine de déshabiller son bébé pour l'examen, ni même de le rhabiller à la fin. Il ne pose aucune question sur son état de santé. Excédé par cette passivité, je lui dis : « Il faut vous y mettre quand même, vous l'avez fait ce bébé, non ? » Et là il me répond : « Non. » À ce moment, un grand blanc s'installe. Je lui demande alors qui il est par rapport au bébé. Il m'explique qu'il ne peut pas avoir d'enfant, et que le bébé qu'il m'amène est le fruit d'une insémination avec un donneur de sperme anonyme. Je prends alors un peu de temps pour expliquer à ce monsieur que le papa du bébé, c'est tout de même lui et qu'à ce titre, il doit s'impliquer dans son éducation. Et que peu importe la biologie : s'il a choisi d'avoir un enfant avec sa compagne, il faut qu'il en accepte la présence et qu'il en assume l'éducation. Je lui ai conseillé d'aller voir un thérapeute qui lui donnera quelques clés pour pouvoir s'impliquer naturellement, même s'il n'est pas le père biologique du bébé. Les choses ont alors évolué favorablement. C'est une histoire qui m'a beaucoup marqué.

64. Comment gérer ma nouvelle vie de couple sur le plan affectif et sexuel ?

Vous et votre compagne êtes accaparés par votre nouveau rôle de parents, et vous pouvez avoir l'impression de vous être éloignés l'un de l'autre. La naissance d'un bébé peut en effet fragiliser l'harmonie d'un couple. C'est un changement important qui modifie un équilibre, même si le bébé a été désiré par l'un et l'autre avec la même intensité. **Après la naissance, les rôles de chacun sont profondément remaniés. On passe de deux à trois, d'un couple à une famille. Il faut trouver de nouveaux repères.** Pour préserver votre couple, il est important de se donner du temps, de ne pas se mettre de pression. **Retrouver une vie de couple après la naissance d'un enfant demande de la volonté de la part de chacun des deux parents, mais aussi de l'organisation et certains aménagements.**

Pendant les premières semaines, les nuits courtes et les pleurs de Bébé ne favorisent pas une vie de couple harmonieuse. En revanche, une fois qu'un certain rythme a pu s'instaurer, **le couple doit recommencer à exister en dehors de l'enfant.** Les mamans, en particulier, sont un peu obnubilées par leur enfant pendant son premier ou ses deux premiers mois de vie, mais elles recommencent ensuite à comprendre que leur vie ne tourne pas exclusivement autour de lui. Le couple doit se retrouver : c'est important pour les parents, mais aussi pour l'enfant qui a besoin de savoir que ses parents ne sont pas que ses parents. N'hésitez pas à faire appel à une baby-sitter ou aux grands-parents le temps d'une sortie au restaurant ou au cinéma. Si ce mode de garde n'est pas possible, rien n'empêche d'organiser un vrai dîner en tête-à-tête dans le salon, même si Bébé dort à côté.

Très souvent aussi, la libido est perturbée par la naissance d'un enfant. **La baisse du désir sexuel après la naissance est un phénomène qui touche de nombreux couples.** Les mamans qui allaitent ont la poitrine sensible et n'aiment pas qu'on y touche, elles n'ont pas encore retrouvé leur corps et se sentent peu désirables. La fatigue engendrée par des nuits trop courtes n'est pas non plus propice aux câlins et au dialogue amoureux. Vous ne devez ni l'un ni l'autre vous mettre la moindre pression et donner du

temps au temps. Nous vivons dans une société régie par la performance, en particulier sur le plan professionnel. Il ne faut pas que cette pression s'exerce sur la vie intime ou affective. Si vous êtes fatigués, n'hésitez pas à vous confier l'un à l'autre sans crainte. Le fait d'en discuter vous soulagera et vos appréhensions respectives s'apaiseront simplement en en discutant.
En pratique, comment rallumer la flamme ? En prenant votre temps, en trouvant une manière de relancer le désir en fonction de ce qui plaît à l'un et à l'autre et même d'une façon ludique. La sexualité, ce n'est pas que l'acte sexuel. Cela peut aussi être des câlins différents des câlins habituels, des massages, des repas dans des lieux insolites, des promenades dans des lieux inhabituels, des siestes… Finalement, l'arrivée de votre bébé peut être l'occasion de casser une certaine routine dans laquelle vous craigniez **d'être confrontés avant la naissance**.
Si, au bout de quelques mois, le désir ne revient pas chez l'un ou l'autre ou les deux, si l'enfant prend vraiment trop de place, n'attendez pas pour consulter un thérapeute qui vous aidera à comprendre le mécanisme de ce blocage et à trouver une solution. Retrouver une intimité après la naissance peut prendre quelques semaines ou mois, mais si les petits moyens ne suffisent pas, n'hésitez pas à vous faire aider par une tierce personne.

65. Comment conserver une vie sociale ?

Avoir un enfant, c'est un vrai chamboulement dans la vie d'un couple, et il est souvent plus compliqué à vivre et à accepter pour les jeunes papas que pour les jeunes mamans, pour qui il est tout à fait naturel de passer tout leur temps avec leur bébé. Il va donc vous falloir un peu de temps pour trouver un nouvel équilibre. **Il y a un fossé entre le statut de couple sans enfant et celui de couple avec un bébé. Votre style de vie va changer du tout au tout** ! Il faudra vous adapter au rythme de votre bébé, s'habituer à ses pleurs réguliers, vous lever la nuit et malgré tout, aller au travail le lendemain. Contrairement aux jeunes mamans qui peuvent parfois, pendant leur congé maternité, faire une sieste en même temps que Bébé, vous, jeune papa, n'avez pas la possibilité de vous reposer au travail ! Voilà pourquoi les nouveaux pères se retrouvent souvent épuisés. Ce changement de vie radical peut être parfois difficile à vivre pour les hommes qui ont toujours eu une vie sociale riche.

Heureusement, il suffit de regarder son bébé pour fondre totalement et oublier que vos copains regardent le match de foot du siècle. Dites-vous bien que si **ces soirées entre copains ou en amoureux vous manquent, tout cela n'est que temporaire**. Pour compenser ces sorties,

vous occuper de votre bébé peut être très épanouissant et donner lieu à de nouvelles découvertes. Apprendre à parler à votre bébé, à créer le lien, à le câliner permet aussi de vivre de beaux moments. Réussir à faire rire votre bébé est bien plus gratifiant que de réussir à faire rire vos potes. Tout naturellement, la vie de famille prendra alors le dessus sur la vie sociale, sans aucune contrainte. Vous allez aussi constater qu'avec l'arrivée d'un bébé dans un couple, les amis changent. Les sujets de conversation aussi. Les papas se retrouvent entre papas, c'est un nouveau mode de vie. Vous aurez plus d'affinités avec des jeunes couples qui viennent d'avoir un bébé, comme vous, qu'avec des copains célibataires avec qui vous étiez pourtant très liés. Vous pourrez aussi vous retrouver entre papas au jardin public pendant que les mamans font du shopping : un nouveau genre de loisir dans la vie des hommes !
Mais tout cela n'est que transitoire : dès que Bébé aura trouvé son rythme et vous une baby-sitter de confiance, vous pourrez retrouver une vie de couple et une vie sociale peut-être différente, mais tout à fait gratifiante. Pas d'inquiétude : vos copains reviendront vers vous tout naturellement dès qu'ils sentiront que vous êtes disponibles pour les voir comme vous le faisiez avant la naissance de votre enfant. Mais peut-être dans des conditions autres : vous ferez venir plus souvent

vos copains à la maison et vous vous retrouverez moins souvent au bar du coin devant un match de foot. Tout cela se déroulera de la manière la plus naturelle qui soit.

Paroles de papa

« Les deux premières années après la naissance d'Inès, nous avons mis notre vie sociale de côté. Je ne suis jamais aussi peu sorti de ma vie ! Mais, honnêtement, cela ne m'a pas posé de problème. On était très fusionnels tous les trois, ma femme, Inès et moi. Nous n'avions pas de grands-parents pour faire garder notre fille, et nous n'étions pas très chauds non plus pour faire appel à une baby-sitter. Résultat : nous avons mis notre vie en *stand-by*, mais c'est sans aucun regret. »

Thierry, papa d'Inès

66. Comment concilier mon activité professionnelle et ma nouvelle vie de père ?

Maintenant que vous avez un bébé, l'une de vos priorités sera de faire en sorte que votre activité professionnelle n'empiète pas sur votre vie privée. Selon une enquête réalisée en France en 2014 par une agence de recrutement, plus d'un tiers des

DRH (34 %) constatent que cette préoccupation est en augmentation par rapport à l'année précédente. Cinquante-six pour cent estiment qu'elle reste inchangée, et seulement 10 % notent une baisse. Voici quelques conseils simples pour trouver un meilleur équilibre.

- **Fixez des limites claires dans votre vie professionnelle :** n'emportez pas de travail à la maison, même si ce sont des petites choses qui ne prennent que quelques instants. Protéger votre vie personnelle vous permettra d'établir une distance nécessaire pour vous ressourcer. Coupez vote portable professionnel et ne consultez pas vos e-mails professionnels quand vous êtes à la maison. Sauf urgence, le traitement de ces messages peut attendre le retour au travail.
- **Établissez une liste des tâches et des priorités.** L'une des premières causes de l'empiétement de la vie professionnelle sur la vie privée est l'impression d'être dépassé par les tâches à accomplir, et leur degré d'urgence. Pour avoir une visibilité optimale, établissez chaque jour une liste des activités et hiérarchisez leur exécution. Cette liste va vous aider à apprécier chaque tâche à sa juste valeur. Ce regard plus objectif vous permettra d'accomplir les tâches les plus importantes/urgentes, et de reporter ce qui est secondaire. Le fait de rationaliser ces tâches et de vous donner des objectifs

quotidiens contribuera à une meilleure organisation et à une meilleure gestion de votre temps professionnel, pour qu'il ne prenne pas le pas sur votre vie privée.

- **Apprenez à déléguer.** Le fait de vouloir tout assumer conduit souvent à accentuer la pression sur soi et à faire déborder son travail hors du cadre professionnel. Même si vous avez des responsabilités, vous n'êtes pas seul. Manager, c'est aussi déléguer. Optimisez votre charge de travail en la répartissant équitablement en fonction des compétences de votre équipe. C'est aussi une opportunité pour vos collaborateurs de faire preuve de leurs compétences.
- **Prenez soin de vous.** Le travail est un engagement de l'esprit, mais aussi du corps, qui peut avoir un impact sur votre bien-être, voire sur votre santé, surtout si vous êtes un jeune papa épuisé par des nuits courtes. Pour être performant, vous devez être équilibré. Prendre soin de vous, y compris pendant votre temps de travail, est donc indispensable. Vous accorder une pause, prendre l'air, aller au club de sport, ne pas renoncer systématiquement au déjeuner, couper votre portable pro pendant quelques minutes le temps d'une pause, sont autant de moyens simples de souffler.
- **Essayez de travailler autrement.** L'évolution des modes de travail peut offrir des alternatives intéressantes pour un meilleur équilibre vie

professionnelle/vie privée. Envisager une organisation différente, prendre des jours de repos ou partir plus tôt sont des questions à aborder avec votre supérieur hiérarchique. Parfois, certains n'osent pas le faire car ils pensent que travailler autrement veut dire travailler moins ou moins bien. Au contraire : cela peut être un moyen pour travailler mieux, pour être plus efficace.

- **Soyez intransigeant avec les horaires** et dites-vous que le lien avec votre enfant passera par des heures de présence et une disponibilité. Même si ce n'est pas dans votre nature, faites-vous violence pour rentrer à la maison à des heures acceptables. Une fois que vous avez franchi la porte, seule votre famille doit compter. C'est très facile en théorie, mais en pratique, c'est tout autre chose !

Clin d'œil !

Si ma fille me lit, elle sera sûrement surprise de me voir donner ce genre de conseils aux jeunes papas alors que moi, je ne rentre que rarement avant 22 heures ou 22 h 30 le soir... Mais il est vrai que mes conseils s'adressent surtout aux membres d'une entreprise. Pour ce qui concerne les indépendants et notamment les professions libérales (qui n'ont de libéral que le nom), et malgré des tonnes de bonnes résolutions et de volonté, le compromis vie professionnelle/vie privée est bien plus complexe à trouver...

Paroles de papa

« J'ai aussi adapté mon rythme de travail pour être là systématiquement le soir pour le bain. Aujourd'hui encore, je m'efforce de rentrer au plus tard entre 18 h 30 et 19 heures pour le bain, le dîner, les histoires avant le coucher... Être présent pour les filles a d'ailleurs été l'une des motivations qui m'ont poussé à créer ma propre société. »

David, papa de Manon et Charlotte

« Professionnellement, j'ai revu mes priorités depuis la naissance de ma fille. Avant, il m'arrivait de partir tard du boulot. Aujourd'hui, quand c'est l'heure de rentrer pour m'occuper de ma fille, je m'en vais... même s'il m'arrive de temps en temps de finir un peu plus tard. »

Julien, papa de Constance

67. *Qu'est-ce que le* baby blues* *et comment aider la maman à le surmonter ?*

Après l'accouchement, plus de la moitié des jeunes mamans souffrent du *baby blues**, **une forme légère de dépression qui peut durer plusieurs semaines.** Les manifestations apparaissent entre le premier et le troisième jour après l'accouchement : pleurs fréquents, irritabilité favorisée par le manque de sommeil, sautes d'humeur, sentiment de vulnérabilité… Dans certains cas, **la dépression peut atteindre un stade plus avancé** : on ne parle plus de ***baby blues* mais de dépression du post-partum*.** Elle présente de nombreux points communs avec la dépression majeure, tels que des troubles du sommeil et de l'appétit, des perturbations du fonctionnement moteur, des sautes d'humeur, une grande fatigue et un sentiment de culpabilité. Elle se caractérise, en plus, par trois particularités : les symptômes dépressifs sont beaucoup plus forts le soir. Ils se doublent d'un sentiment de culpabilité lié au fait que la maman se sent incapable de s'occuper de son enfant. La maman se montre également très anxieuse à propos de l'état de santé de son enfant. Elle pense que celui-ci souffre beaucoup et est très malade, alors qu'il se porte comme un charme !

Ce phénomène est favorisé par le choc émotionnel lié à la naissance, ainsi que par les perturbations hormonales. Avant même la naissance, toutes les mamans se posent la question de savoir si elles vont être capables d'aimer et de prendre soin de leur bébé, si elles vont avoir un instinct maternel. Cette période de doute qui précède la naissance est utile car elle oblige les mamans à se remettre en question. Cette incertitude les rend plus ouvertes pour accueillir leur bébé, apprendre à s'en occuper. Le désir de bien faire, d'être à la hauteur les met à l'écoute de leur bébé. **L'instinct maternel se manifeste par le désir spontané immédiat de donner à leur bébé ce dont il a besoin :** être mis au sein, être porté dans les bras, être câliné... Mais **certaines mamans ne ressentent pas immédiatement ce penchant.** Une grossesse difficile, un accouchement long ou douloureux, la grande fatigue des premiers jours, les nuits courtes... tous ces apprentissages qui doivent être faits rapidement ont de quoi freiner l'enthousiasme d'une jeune maman. Par ailleurs, ce bébé dont la maman s'était fait une idée inconsciente, un fantasme, peut être très différent. Autre difficulté : la responsabilité d'un nouveau-né peut tout à coup leur sembler insurmontable. Car devenir parent a beau être la chose la plus naturelle, ce n'est malgré tout pas si facile. Si vous constatez que votre compagne devient triste, qu'elle ne se sent pas à la hauteur, qu'elle

a du mal à communiquer avec votre bébé, qu'elle n'est pas à l'aise avec lui, si vous la sentez en permanence au bord des larmes, rassurez-la, dites-lui de ne pas culpabiliser. Rappelez-lui que ce *baby blues* est très fréquent, mais passager, qu'il ne dure que quelques jours après le retour de la maternité, mais pas au-delà. Votre mission : l'aider à combattre son stress, être présent pour la rassurer sur ses gestes et prendre le relais quand vous sentez qu'elle est sur les nerfs, avoir des paroles réconfortantes… Incitez votre compagne à donner du temps au temps en levant ses doutes concernant l'attachement qui ne manquera pas de naître entre elle et votre bébé.
Sur le plan pratique, il est très rassurant pour la maman de constater que vous êtes capable de tisser un lien avec votre bébé, même si vous aussi prenez vos marques. Vous la déchargerez ainsi de tous ces petits gestes du quotidien qui peuvent lui sembler, le temps d'un *baby blues*, insurmontables. Soulagez-la dans les tâches ménagères, préparez les repas, faites à sa place tout ce qui lui paraît contraignant. Prenez des initiatives, n'attendez pas qu'elle vous demande de faire telle ou telle chose. Vous pouvez aussi vous appuyer sur votre entourage : solliciter vos proches pour qu'ils viennent vous prêter main-forte, pour que quelqu'un vienne lui tenir compagnie quelques heures… Il suffit parfois de quelques petites attentions toutes simples pour

que le moral revienne au beau fixe. Très vite, vos efforts vont être couronnés de succès. Une fois que cette période de doute et de blues sera passée, vous pourrez tous les trois regarder l'avenir avec confiance.

68. *Le* baby blues *du papa existe-t-il et comment le gérer ?*

Pendant la période qui suit l'accouchement, l'attention de l'entourage étant généralement focalisée sur la maman, le jeune papa peut avoir l'impression de se sentir « mis de côté ». Mais les mamans ne sont pas les seules à être touchées par le *baby blues* : selon différentes études, **4 à 10 % des papas sont également touchés par la dépression postnatale**. Certains symptômes sont similaires à ceux de la maman : stress, insomnie, perte d'appétit, inquiétude, angoisse, changement d'humeur, insatisfaction dans le nouveau rôle de père. Plus rarement, le jeune papa peut faire preuve d'irritabilité, voire d'agressivité ou d'hostilité envers sa compagne et son bébé. Ces papas sont déstabilisés par cette naissance qui représente un grand bouleversement et certains peuvent même être dans l'incapacité d'entrer en contact avec leur bébé. Contrairement à la femme qui apprend à devenir maman tout au long des neuf mois de grossesse et tisse ensuite

un lien unique avec son bébé, notamment par le biais de l'allaitement, le papa n'a pas les mêmes étapes, les mêmes repères pour construire son nouveau soi, en tant que papa. Il peut donc se sentir exclu et se poser la question de sa propre identité. L'homme devient père le jour de la naissance. La naissance génère donc souvent un choc émotionnel de remise en question face à ses nouvelles responsabilités que certains ont du mal à gérer. Ils ont peur de ne pas aimer leur bébé comme il le mériterait, de ne pas être à la hauteur dans leur nouvelle famille. Toutes ces responsabilités d'un seul coup peuvent les désarçonner.
L'arrivée d'un enfant va aussi transformer le schéma familial et ce changement peut être difficile à gérer. Les deux partenaires doivent trouver un nouvel équilibre entre leur fonctionnement personnel, celui du couple et le nouvel environnement qui inclut le bébé. De plus, cet événement de vie ramène chacun à sa propre histoire et notamment à l'histoire d'attachement précoce avec ses propres parents. La naissance du bébé peut réactiver des émotions ressenties vis-à-vis de leur première figure d'attachement, leur maman, mais cela peut aussi rouvrir des blessures.
Chez les couples fusionnels, passer d'une vie à deux à une vie à trois est parfois difficile à vivre car ils sont bien obligés d'être moins fusionnels pour laisser une place à l'enfant. Les papas atteints de *baby blues* ont un problème supplémentaire :

malgré la modernisation de la société, la perception de la fonction paternelle empêche certains hommes d'exprimer leurs propres craintes. Dans l'inconscient collectif, la figure du père est encore perçue comme la pierre angulaire forte et inébranlable. Souvent les jeunes papas atteints de *baby blues* sont réticents à parler de cet état de faiblesse. Ils cherchent à le masquer. C'est pourquoi l'entourage met plus de temps à identifier leurs difficultés, et le diagnostic n'est en général évoqué que trois à six mois après la naissance.

Que faire dans ce cas ?

- Tout d'abord, **n'ayez pas honte de ce que vous ressentez.** Essayez de communiquer avec votre entourage et ne vous refermez pas sur vous-même. Avoir des craintes sur la stabilité et la sécurité que l'on apportera à ses proches ne veut pas dire que l'on sera un mauvais père. Au contraire ! La remise en question est saine et salutaire, même dans le cadre d'un *baby blues*, même si elle se manifeste de manière violente.
- **Gardez le contact avec votre enfant** même si, au début, cela vous semble insurmontable. Des gestes anodins du quotidien comme donner le bain, préparer les vêtements, faire chauffer le biberon peuvent permettre de reprendre progressivement confiance en soi. Faire connaissance avec son enfant, communiquer avec lui,

lui parler, le câliner, le caresser, le porter dans ses bras… est également important.

- **Ne vous mettez pas la pression** : allez-y progressivement. Certains hommes considèrent que la naissance doit entraîner une rupture totale avec leur vie d'avant, alors qu'en fait il s'agit d'une évolution, certes importante, mais pas d'une cassure.
- Si le lien ne se crée pas, si les symptômes d'irritabilité et d'absence d'investissement persistent plus de quatre à six mois, **n'hésitez pas à prendre rendez-vous avec un psychologue.** Vous pouvez aussi participer à des groupes de paroles entre papas, pour échanger sur vos doutes.
- **Si vous et votre compagne êtes tous les deux en plein *baby blues*, faites-vous aider.** Il est en effet difficile de soutenir et d'aider son partenaire quand on est soi-même perdu. Dans ce cas, l'idéal est de consulter ensemble un psychologue travaillant autour de la périnatalité. Cette thérapie de couple permettra de développer le sentiment de coparentalité positive et aidera chacun des partenaires à vivre sereinement cette expérience unique que représente la naissance d'un bébé.

69. Comment s'organiser et assurer au mieux quand la maman reprend le travail ?

La reprise du travail après le congé maternité est souvent une période difficile à gérer pour la maman. Même si, en apparence, elle se montre heureuse de reprendre son poste – et sa vie sociale (après plusieurs semaines/mois à la maison en tête-à-tête avec Bébé, cela peut se comprendre) –, votre compagne peut aussi se sentir coupable de laisser son bébé si petit à la crèche ou de le confier à une nounou. Cette inquiétude est d'ailleurs souvent partagée, et vous pouvez vous aussi vous sentir stressé à l'idée de confier votre enfant à une ou des personnes que vous ne connaissez pas. Cette réaction est parfaitement normale (l'inverse serait un peu plus inquiétant...), mais il existe quelques conseils à retenir afin que tout se passe au mieux.

- Si vous lisez ce passage pendant la grossesse de votre compagne, **prenez bien le temps de réfléchir ensemble au mode de garde** que vous souhaitez pour votre bébé. Chacun a ses avantages et ses inconvénients (voir aussi p. 102) et il est important de choisir celui qui correspond le mieux à vos attentes (même si, en pratique, vous n'avez pas toujours le choix, notamment si vous optez pour la crèche, car les places sont rares...). Si vous choisissez de faire garder votre enfant par une nounou ou une assistante maternelle, prenez le temps d'en rencontrer plusieurs avant d'arrêter votre choix, et n'hésitez pas à être exigeant. Plus vous vous sentirez en confiance, mieux se passera la séparation.

- **Soutenez votre compagne.** Ce n'est pas le moment de lui faire comprendre qu'elle fait passer son travail avant sa famille et/ou que vous n'êtes pas d'accord avec sa décision de reprendre le travail. Ou encore qu'à sa place, vous seriez bien content de rester tranquille à la maison ! Votre compagne a le droit d'être contente de reprendre le travail. Elle doit se sentir en confiance, soutenue et sûre de son choix pour aborder cette séparation avec sérénité. C'est un préalable également indispensable pour que votre enfant se sente vite rassuré dans un nouvel environnement.
- Avant même la reprise du travail, **discutez ensemble de votre future organisation,** afin que tout soit bien clair : qui de vous deux dépose l'enfant chez la nounou ou à la crèche le matin ? Qui va le récupérer le soir ? Comment fera-t-on si la crèche est en grève, ou si la nounou est malade ? Si vous le pouvez, aménagez vos horaires en fonction de ces nouvelles « contraintes » : la maman ne doit pas être la seule à faire des efforts en ce sens. Pensez aussi aux autres impératifs quotidiens.

Maintenant que votre compagne n'est plus à la maison toute la journée, il faut trouver une autre organisation pour les courses, les tâches ménagères... Vous pouvez par exemple prévoir de faire les courses sur Internet, d'embaucher une aide-ménagère (si vous en avez les moyens)...

- **Gérez la séparation en douceur.** Si votre enfant va à la crèche, vous aurez une semaine d'adaptation : n'hésitez pas à prendre au moins un jour ou deux pour assurer cette transition vous aussi. Ce rôle n'est pas exclusivement réservé aux mamans. Si votre enfant est gardé par une nounou, faites de même. Cette transition est importante non seulement pour votre enfant, mais aussi pour les parents.
- Enfin, sachez qu'**un bébé tout petit (avant six mois) s'adapte très facilement au changement de mode de garde**. Dans un sens, mieux vaut pour lui que l'entrée à la crèche se fasse à cet âge plutôt qu'à huit ou neuf mois, quand il commence à avoir peur des visages étrangers, en pleine période d'anxiété de séparation. C'est d'ailleurs la raison pour laquelle une semaine d'adaptation suffit en général à cet âge, alors que deux semaines sont conseillées chez un bébé plus âgé.

70. Comment gérer les grands-parents ?

Ce sujet est souvent source de conflits au sein du couple. Très souvent, les grands-parents, et en particulier les grands-mères, ne peuvent s'empêcher de donner des conseils sur la façon de s'occuper de l'enfant, ou sur l'éducation à lui dispenser. Si l'intention est bonne, la façon de faire n'est pas toujours très adaptée. Il faut dire que, pour eux aussi, ce rôle est tout nouveau. Voilà pourquoi il est important de cadrer les choses dès le départ.

- Si votre belle-mère débarque à la moindre occasion, **soyez ferme** : ce sont vous les parents, pas elle. C'est à vous et à votre compagne qu'incombe la responsabilité d'éduquer votre enfant, et à vous de prendre toutes les décisions le concernant. Vous devez leur faire comprendre qu'ils ont certes des droits, mais aussi des devoirs, notamment celui de ne pas empiéter sur votre terrain. Vous ne devez pas accepter qu'on vous dise « Si j'étais à ta place, je ferais ceci ou cela » ou encore « À mon époque, les choses ne se passaient pas comme ça ». Le rôle des grands-parents est un rôle d'écoute, d'aide, de soutien, de repère, de transmission de la mémoire ; ils ne sont pas là pour assurer l'éducation de l'enfant.
- La solution est de **fixer les règles dès le début.** N'hésitez pas à faire remarquer à votre

mère ou votre belle-mère qu'elle ne peut pas débarquer à l'improviste. Fixez des horaires de passage, exigez que votre belle-mère ou votre mère n'appelle pas quinze fois par jour, et jamais après 20 heures. C'est le minimum vital pour préserver votre toute nouvelle vie de famille. C'est vous qui fixez les règles. S'il existe un conflit entre votre compagne et vos parents, votre rôle est encore plus essentiel. Vous devez vous montrer ferme et poser des limites, même si être pris entre deux feux (votre femme et votre belle-famille) n'est pas la position la plus confortable.

- **Cependant, soyez aussi indulgent, surtout au début,** car les grands-parents ont aussi besoin d'un temps d'adaptation. Discutez de ce sujet avec eux : ils se rendront compte de leur attitude dont ils n'ont pas toujours conscience. Il faut leur faire comprendre que leur soutien est important mais qu'il vous faut aussi de l'intimité, de l'espace et de la liberté dans votre nouvelle vie de famille.
- Parfois, **cette mise au clair peut être faite par une tierce personne.** Votre pédiatre, par exemple, peut vous aider. Profitez de la consultation pour lui en parler. Il a l'habitude de ces situations, et saura vous conseiller, voire discuter avec les grands-parents si l'occasion se présente...

Mon quotidien de pédiatre

Un jour, j'ai reçu en consultation une jeune maman, son bébé… et la grand-mère. Pendant 20 minutes, la grand-mère n'a pas arrêté de dire « De mon temps, on faisait comme ça, c'était mieux », etc. J'ai été patient au début, puis je me suis levé et lui ai dit : « De mon temps, on n'acceptait pas les grands-mères en consultation. Dehors ! » La maman s'est mise à pleurer, puis a séché ses larmes et m'a dit : « Merci Docteur ! » En fait, sa belle-mère n'arrêtait pas de la harceler avec ses conseils depuis la naissance de son enfant, et elle n'en pouvait plus. À partir de cette consultation, des règles simples ont pu être établies entre les parents et les grands-parents. J'espère que maintenant tout se passe mieux entre eux ! À ces grands-mères envahissantes, je leur dis ceci : souvenez-vous quand, il y a trente ans, vous avez eu ce magnifique bébé, vous étiez ravie. Mais votre bonheur n'était pas complet… parce que vous aviez derrière vous votre mère ou votre belle-mère qui vous abreuvait de conseils en vous cassant les pieds. Ne reproduisez pas les schémas familiaux. En entendant cela, elles se souviennent, acquiescent et… se taisent. C'est magique !

Partie 3

MON BÉBÉ GRANDIT : COMMENT ASSURER DANS TOUTES LES SITUATIONS ?

Votre bébé a maintenant quelques mois… Vous êtes entré de plain-pied dans votre nouvelle vie de papa, et vous vous débrouillez comme un chef. Mais les questions et les interrogations restent nombreuses, au fur et à mesure que votre enfant grandit. C'est l'époque des grandes acquisitions : la marche, le langage, la propreté, l'autonomie… Une période qui s'annonce très riche, et pour lesquelles on va vous donner quelques clés.

Chapitre 1
LES CLÉS POUR GÉRER LE QUOTIDIEN COMME UN PRO

71. Quand va-t-il faire ses nuits ?

Le sommeil de Bébé est l'un des thèmes de préoccupation principaux de tous les jeunes parents. Il faut dire que l'arrivée d'un enfant bouscule complètement les habitudes de sommeil des parents, qui n'ont rapidement qu'une envie : retrouver le bonheur de faire une nuit complète sans être réveillé par des pleurs ! Mais il faut faire preuve d'un peu de patience. En effet, jusqu'à trois ou quatre mois environ, un bébé est incapable, biologiquement parlant, de dormir une nuit complète car son horloge biologique n'est pas encore calée sur un rythme circadien (24 heures). La mise en place de ses rythmes, et notamment de ses rythmes de sommeil, se fait progressivement.

- **À la naissance, le bébé ne connaît pas l'alternance jour-nuit** et donc dort (et se réveille) à n'importe quel moment du jour et de la nuit. Son sommeil est généralement morcelé en périodes de deux à quatre heures environ. Il est donc normal qu'il se réveille très souvent !
- **À la fin du premier mois de vie, le rythme jour-nuit se met en place petit à petit,** et ses phases de sommeil s'allongent. Certains bébés peuvent ainsi dormir jusqu'à six heures d'affilée. C'est déjà un grand changement !
- **À partir de 3-4 mois,** un bébé peut dormir jusqu'à huit heures d'affilée. Le rythme circadien est maintenant bien mis en place. Il sait faire la différence entre le jour et la nuit, et est biologiquement apte à faire ses nuits.
- **À 6 mois environ, son rythme de sommeil est stabilisé.** En théorie, un bébé de cet âge dort en moyenne 10 à 12 heures par nuit. Mais certains facteurs peuvent de temps en temps venir perturber ses nuits : les poussées dentaires, les petites infections (rhume…), les changements dans son quotidien (entrée à la crèche, reprise du travail de la maman, déménagement…), etc. En pratique : certains bébés « font leurs nuits » plus tard, voire beaucoup plus tard (voir question suivante).

44 jours de sommeil en moins pour les parents la première année !

Un sondage mené au Royaume-Uni en 2013 montre que les jeunes parents dorment en moyenne 5,1 heures par nuit la première année après la naissance de leur bébé. Cela équivaudrait à un total de 44 journées entières de sommeil en moins. Soit environ une nuit sur trois de perdues !

Source : sondage réalisé auprès de 1 812 Britanniques par la marque Ergoflex, fabricant de matelas.

Évolution du temps de sommeil d'un bébé

- À la naissance : 16 à 17 heures par jour, par phases de 2 à 4 heures.
- Vers 1 mois : 16 heures par jour au total, avec des plages de sommeil qui s'allongent la nuit.
- Vers 6 mois : 14-15 heures au total, dont trois siestes (une le matin, une en début d'après-midi et une en fin de journée).
- Vers 1 an : 13-14 heures, avec une à deux siestes par jour. La sieste de la fin

d'après-midi est la première à disparaître, puis celle du matin, et ne reste que celle du début d'après-midi.
Mais sachez que chaque bébé est différent, tant au niveau des rythmes que de la durée totale de sommeil. On distingue très rapidement les « petits » et les « gros » dormeurs.

Paroles de papa

« J'avais très peur des nuits sans sommeil. Dormir 7 à 8 heures par nuit me semblait essentiel. Finalement, cela n'a pas été si difficile que ça. Mais on a eu de la chance. À quelques exceptions près, notre fils ne se réveillait pas plus de deux fois par nuit et, ce qui était encore plus agréable, se rendormait tout de suite après son biberon. Comme on combinait tétée et biberon, je me suis souvent occupé du biberon tandis que ma femme, elle, se recouchait après la tétée. »

Andreas, papa de Sebastian

« Dès que ma première fille est née, je suis passé en phase active : couches, bain, biberon... J'ai beaucoup participé. Ma femme n'ayant pas allaité, j'ai pu m'impliquer davantage. Au départ, nous n'étions pas très bien organisés. Nous nous levions tous les deux tout le temps. Mais cette fatigue physique était largement compensée par l'excitation de faire connaissance avec notre bébé. Au bout de quelques semaines, cependant, nous avons mis en place une rotation car on n'arrivait plus à suivre. »

David, papa de Manon et Charlotte

72. Comment l'aider à faire rapidement ses nuits ?

Si un bébé a physiologiquement la capacité de faire ses nuits vers trois ou quatre mois, en pratique, les choses sont souvent un peu plus compliquées, et certains bébés font leurs nuits beaucoup plus tardivement. En effet, la qualité du sommeil de votre bébé dépend aussi de certains facteurs extérieurs. Bonne nouvelle : en adoptant certains aménagements tout simples, vous pouvez aider votre bébé à trouver le bon rythme et à faire ses nuits plus vite.

- **Ne vous inquiétez pas si votre bébé se montre très agité quand vous le couchez.** Contrairement aux enfants un peu plus grands et aux adultes, les tout-petits s'endorment en sommeil agité. Votre bébé gigote, respire bruyamment, grommelle ? C'est tout à fait normal. Cette phase dure en moyenne une vingtaine de minutes avant qu'il ne passe à une période de sommeil plus calme. Laissez-le tranquille pendant toute cette phase, vous risqueriez de le perturber, et de le réveiller.

- **La nuit, ne le prenez pas dans vos bras dès qu'il gigote un peu**. Chez un nouveau-né, le sommeil agité représente environ 50 à 60 % du temps de sommeil total. En clair, la moitié du temps, votre bébé va s'agiter, remuer les bras, faire tourner ses yeux sous ses paupières fermées… Cela ne veut pas dire qu'il est réveillé, bien au contraire ! Si vous le prenez dans vos bras, vous risquez de le réveiller et de casser son rythme de sommeil. Sachez aussi que, petit à petit, la proportion de sommeil agité va diminuer : à trois mois, elle ne représente plus qu'un tiers du temps de sommeil total.
- **Distinguez bien la sieste du dodo nocturne** : cela permettra à votre bébé d'apprendre à faire la différence entre le jour et la nuit. Le jour, pour la sieste, ne fermez pas les volets, mais tirez uniquement les rideaux pour que la chambre ne soit pas totalement dans l'obscurité. Ne vous retenez pas de faire un peu de bruit : votre bébé doit comprendre que la maison continue à vivre. La nuit au contraire, veillez à ce que votre bébé dorme dans le noir le plus complet et assurez-vous que le silence règne…
- **Utilisez des « donneurs de temps »**. Ce sont tous les petits repères qui rythment la journée et vont permettre à votre bébé de trouver le

bon tempo : horaire des repas, du coucher, du lever, du bain, des promenades, des jeux... Veillez à ce qu'ils soient les plus réguliers possibles.

- **Aidez votre bébé à s'endormir seul.** Votre bébé ne doit pas s'habituer à s'endormir en étant bercé dans vos bras, ou en tétant le sein de sa maman ou son biberon. Il est essentiel de le mettre dans son lit alors qu'il est encore éveillé (mais calme). Si nécessaire, restez un peu de temps à ses côtés pour lui parler, le rassurer, lui montrer que vous êtes à ses côtés et qu'il peut s'endormir tranquillement... Vous pouvez aussi lui apprendre à prendre son pouce, ou lui confier un petit doudou. De cette manière, il trouvera des mécanismes d'auto-réconfort qui lui permettront de se rendormir seul s'il se réveille dans la nuit. N'oubliez pas que la grande différence entre les bébés qui font leurs nuits et ceux qui ne les font pas réside justement dans cette capacité à se rendormir seul. Faire ses nuits ne veut pas dire dormir d'une traite sans se réveiller, cela veut surtout dire savoir se rendormir sans aide extérieure.
- **Et surtout ne culpabilisez pas !** Le soir, vous vous sentez peut-être coupable de ne pas passer beaucoup de temps avec votre bébé en rentrant du travail, et vous avez peut-être du mal à vous séparer de lui pour le laisser dans les

bras de Morphée. Sachez que votre enfant peut ressentir votre angoisse, et cela peut avoir des conséquences sur son sommeil et son endormissement. D'où l'importance de rester zen et de profiter d'un moment calme avec votre bébé, en mettant par exemple en place un petit rituel du coucher qui sera votre moment à vous (voir question suivante).

73. Comment gérer le moment du coucher ?

Pour un enfant (mais aussi pour ses parents), le moment du coucher n'est pas anodin. C'est une forme de séparation. Cela peut engendrer une très forte angoisse chez l'enfant, surtout chez les plus grands (à partir de 10-12 mois). Aux pleurs et hurlements s'ajoutent les colères, les demandes incessantes (encore une histoire, encore un peu d'eau, encore un bisou…), une excitation généralisée… À tel point que, dans certaines familles, le moment du coucher se transforme en véritable enfer ! D'où l'importance de mettre en place un petit rituel du soir pour accompagner cette séparation tout en douceur. Pour que celui-ci soit efficace, il existe quelques clés.

- **Mettez en place ce petit rituel très tôt,** dès l'âge de deux ou trois mois. Au début, ce rituel sera tout simple : le bain, le pyjama, le dernier biberon ou la dernière tétée, un moment calme avec une berceuse, un gros câlin et puis au lit. Le rituel permet à l'enfant d'être rassuré, mais il constitue aussi pour lui un point de repère essentiel : il sait que c'est l'heure d'aller se coucher. Une condition indispensable dans son apprentissage des rythmes de sommeil. Au fur et à mesure que l'enfant grandit, vous pourrez ajouter d'autres éléments dans ce rituel : une histoire, le lavage des dents…

- **Privilégiez toujours les activités calmes**. Évitez par exemple les dessins animés et d'une façon générale tous les écrans, qui peuvent gêner l'endormissement et surtout, en excitant le système nerveux, favoriser les réveils nocturnes. Quand les enfants grandissent, ils peuvent être en demande de ce genre d'activités, mais restez ferme. L'heure qui précède l'endormissement doit être une heure de temps calme : musique douce, pénombre, livres d'images en tissu… Cette heure conditionne la qualité du sommeil nocturne et assure au bébé un endormissement sécurisé et de qualité.
- **Prenez votre temps.** Le rituel du soir, c'est votre moment à vous, un moment de partage et de complicité. Il ne doit donc pas être expédié en deux minutes, mais ne doit pas non plus se prolonger inutilement. Plus les adieux durent, plus ils sont difficiles !

- **N'y dérogez jamais**, même si, certains soirs, vous avez moins de temps car vous êtes rentré plus tard du travail. Mieux vaut lire une seule histoire au lieu de deux, ou abréger la berceuse, que de zapper une étape ou de faire totalement l'impasse sur le rituel « parce qu'il est tard ». En revanche, l'excitation liée au fait de vous voir rentrer du travail ne doit pas être entretenue. Un sourire, une caresse, un bisou, mais pas de partie de chatouilles et, si possible, en laissant Bébé dans son lit. Évitez de le prendre dans vos bras : le fait de le sortir de son lit puis de le recoucher le déstabiliserait trop.
- **Conservez ce rituel tant que l'enfant le demande.** À cinq, six ou sept ans, les enfants en ont encore besoin !

74. *À quoi sert le doudou ?*

Le doudou est ce que l'on appelle un « objet transitionnel ». En clair, il permet à l'enfant de faire la transition entre son univers habituel (la maison, ses parents) et le monde extérieur. De manière générale, les enfants choisissent leur doudou **aux alentours de huit ou neuf mois**, période charnière durant laquelle ils font l'expérience de la séparation. À cet âge, l'enfant commence à comprendre qu'il est un être distinct de sa mère, ce

qui peut engendrer une certaine forme d'angoisse (on appelle d'ailleurs cela l'angoisse du huitième mois ou angoisse de la séparation).
Le doudou a pour fonction de donner à l'enfant **un point de repère rassurant** quand ses parents ne sont pas là. Voilà pourquoi il l'emmène partout : à la crèche, chez la nounou, chez les grands-parents, chez le pédiatre (voir encadré ci-dessous)... Il est aussi indispensable la nuit, moment où l'enfant se retrouve seul, séparé de ses parents. Si certains y sont totalement accros et ne peuvent s'en séparer une seule minute, d'autres (ils sont plus rares) n'en ont pas. Si le vôtre est dans le premier cas, sachez qu'il est toujours préférable d'avoir un deuxième doudou identique en réserve, au cas où votre enfant – catastrophe absolue ! – perdrait le sien ou l'oublierait chez la nounou. Utile aussi pour prendre le relais du doudou officiel quand celui-ci est dans la machine à laver (car, soulignons-le, les doudous sont généralement de vrais nids à bactéries, il faut donc les laver régulièrement !).

Le doudou en visite chez le pédiatre

Chez le pédiatre, le doudou peut jouer un rôle essentiel : celui de « testeur ». Avant de poser le stéthoscope sur le dos ou le thorax de l'enfant, le médecin peut « tester » l'opération sur Doudou. De cette manière, l'enfant constate que cela ne fait pas mal, et se sent rassuré. Merci Doudou !

75. Quand faut-il emmener Bébé chez le pédiatre ?

Trois cas de figure peuvent se présenter.

1. Les consultations prévues pour des visites systématiques. Elles sont très importantes puisqu'elles servent à vérifier que tout va bien. Bébé est examiné attentivement, appareil par appareil : cœur, poumons, abdomen, examen ORL qui vérifie gorge et oreilles, examen cutané, examen orthopédique pour vérifier l'état des hanches, des pieds, du cou, du dos, examen des yeux, appréciation de l'éveil psychomoteur. Bébé sera mesuré et pesé. Son périmètre crânien sera également mesuré pour apprécier sa croissance cérébrale. Vous serez interrogé sur le mode d'alimentation, l'appétit, le sommeil, le mode de garde, l'humeur et le comportement de votre bébé. Le pédiatre guidera le régime alimentaire, instituera la diversification, conseillera et pratiquera les vaccinations. Il devra, après un interrogatoire et un examen clinique minutieux, répondre à toutes les questions des parents, remplir le dossier médical du bébé et son carnet de santé*. Ces consultations sont :

- au nombre de neuf pendant la première année de vie : une par mois jusqu'à six mois, une à neuf mois, une à 11 mois, une à 12 mois ;
- au nombre de trois pendant la deuxième année : à 16 mois, 20 mois et 24 mois.
- puis semestrielles après deux ans.

2. Les consultations programmées mais non urgentes, pour un souci (ou une préoccupation) noté par les parents (parfois par la nounou ou les grands-parents) :

- pleurs inhabituels ;
- appétit perturbé ;
- croissance pondérale insuffisante ;
- retard du développement psychomoteur (en particulier de la marche ou du langage) ;
- troubles du comportement (enfant anormalement triste, turbulent, opposant ou augmentation de la fréquence des colères et des caprices) ou de la sociabilité ;
- troubles du transit intestinal (constipation ou, au contraire, selles trop fluides ou trop fréquentes) ;
- difficultés de sevrage ;
- troubles du sommeil ;
- peau sèche, voire eczéma ;
- doute sur l'audition ou la vision ;

– toux traînante ;
– anomalie de la statique lors de la marche (par exemple marche avec les pieds « en dedans » ou sur la pointe des pieds) ;
– constatation d'un strabisme, etc.

- Bref, la liste de ces préoccupations est encore longue et non exhaustive !
- S'il s'agit d'un tout petit souci, les parents seront rassurés téléphoniquement, sans avoir besoin de présenter l'enfant à la consultation. La disponibilité téléphonique du pédiatre, par le biais de son secrétariat, est essentielle pour la qualité de la relation parents-pédiatre. Mais très souvent, l'enfant devra être conduit à la consultation afin de confirmer le diagnostic et afin que la prise en charge thérapeutique du trouble constaté puisse s'effectuer.

3. Les consultations urgentes, que l'urgence soit réelle ou ressentie par les parents. Plusieurs cas peuvent se présenter :

– Apparition brutale d'une fièvre élevée. À ce sujet, il faut retenir que le comportement de l'enfant est plus important que le degré de température. Un bébé qui a 40 °C de fièvre mais qui s'alimente, sourit et joue normalement, ne doit pas vous inquiéter. En revanche, un bébé qui n'a que 38 °C mais qui a un teint gris, ne sourit plus, ne

joue plus, refuse de boire ou vomit, est bien plus préoccupant.
- Pleurs suraigus, qui apparaissent de façon brutale. Ils peuvent faire suspecter une œsophagite par RGO, une otite, ou encore une invagination intestinale aiguë.
- Diarrhée et/ou vomissements (accompagné ou non de fièvre). Cela peut indiquer une gastro-entérite : l'enfant doit être rapidement pesé pour évaluer l'importance d'une éventuelle déshydratation.
- Apparition brutale d'une éruption cutanée (accompagnée ou non de fièvre). Il peut s'agir d'une maladie infectieuse virale ou bactérienne, d'une urticaire, voire d'un purpura, faisant suspecter, selon les cas, une infection ou une allergie.
- Difficultés respiratoires (bronchiolite, laryngite, crise d'asthme) ou toux d'emblée quinteuse, voire spasmodique (équivalent d'asthme).
- Douleurs d'oreille vives, souvent nocturnes (évocatrices d'une otite).
- Douleurs abdominales aiguës. Elles peuvent, même chez un petit enfant, être le signe d'une appendicite aiguë.
- Vomissements en jet en dehors d'un contexte de gastro-entérite. Il peut s'agir d'une infection ORL et, beaucoup plus rarement, d'une méningite.

– Traumatisme crânien ou orthopédique (entorse, contusion, voire fracture).
– Brûlure localisée (accident domestique).
– Boiterie aiguë, voire impossibilité de poser le pied par terre, évocatrice d'une synovite aiguë transitoire de hanche (« rhume de hanche »).

Là encore, la liste est longue et non exhaustive ! **Certaines situations doivent conduire les parents à se rendre directement dans les services d'urgences pédiatriques, voire à appeler le Samu (15).**

- Crise convulsive.
- Traumatisme crânien avec perte de connaissance initiale.
- Perte de connaissance prolongée, voire coma (diabète, maladie métabolique).
- Accident domestique grave (défenestration, électrocution, brûlure étendue…).
- Vomissements profus et incoercibles.
- Douleurs abdominales suraiguës.
- Détresse respiratoire avec signes de lutte respiratoire (creusement thoracique), battement des ailes du nez, cyanose éventuelle, évocateurs d'une bronchiolite sévère, d'une crise d'asthme ou d'une laryngite avec toux caverneuse (toux « de phoque »).
- Purpura extensif (évocateur d'une méningite à méningocoques, maladie gravissime dont le

pronostic repose sur la rapidité et la qualité de la prise en charge).
- Malaise grave du nourrisson (apnée prolongée appelée également « mort subite manquée »).

À noter :
- Sur le plan médico-légal, un bébé de moins de deux mois qui présente de la fièvre doit subir un bilan infectieux comportant un bilan sanguin, une analyse d'urines, une radiographie du thorax et éventuellement une ponction lombaire. La prise en charge doit donc se faire en milieu hospitalier.
- Certains enfants « fragiles » (prématurité, maladie chronique) doivent faire l'objet de consultations plus rapides que des enfants nés à terme et sans souci particulier.

En cas d'urgence, priorité au Samu et aux urgences pédiatriques

Les médecins de SOS Médecins ne sont pas formés à la pratique pédiatrique. Il est donc conseillé, dans des situations d'urgence, d'appeler le SAMU ou de vous rendre, par vos propres moyens, dans le service d'urgences pédiatriques le plus proche et le plus compétent que votre pédiatre vous aura conseillé.

76. Comment réussir l'adaptation à la crèche ou chez l'assistante maternelle ?

Vous avez obtenu une place en crèche ou décidé de faire garder votre enfant par une assistante maternelle ou une nounou ? Pour votre enfant, c'est une transition importante car il va se séparer de vous, quitter le cocon familial pour découvrir un nouvel univers. Il faut donc l'y préparer en douceur.

À la crèche : l'adaptation est encadrée par le personnel de la crèche. Cette phase de transition dure généralement une à deux semaines : votre enfant est d'abord invité à venir à différents moments de la journée (jeux, repas, sieste…), et à découvrir la vie en crèche, accompagné de l'un de ses parents. Puis l'enfant est laissé seul, sur de plus longues périodes. Cette transition est l'occasion pour l'enfant de s'habituer en douceur à ce nouvel univers et aux personnes qui vont désormais s'occuper de lui pendant la journée. Mais c'est aussi une phase d'adaptation importante pour les parents, souvent inquiets à l'idée de confier leur enfant à des personnes extérieures !

Chez l'assistante maternelle ou la nounou : l'adaptation est tout aussi importante. L'avantage : elle est souvent plus souple car elle peut être aménagée au cas par cas en fonction de l'âge et du caractère des enfants (certains sont plus

« sauvages » que d'autres avec les personnes qu'ils ne connaissent pas) et des contraintes des parents (par exemple, si la maman reprend le travail la même semaine).

Les clés pour une adaptation réussie

- **N'hésitez pas à habituer votre bébé aux séparations** avant même l'entrée en crèche. Confiez-le de temps en temps à ses grands-parents, faites appel à une baby-sitter pour la soirée… Cela vous permettra aussi de souffler un peu par la même occasion !
- **Prenez votre temps lors de la semaine d'adaptation.** L'idéal est de ne pas précipiter les choses, mais de suivre le rythme de l'enfant. Si vous le pouvez, faites cette semaine d'adaptation avant que la maman ne reprenne le travail, afin de ne pas faire coïncider les deux, ce qui peut être une double source d'angoisse pour un enfant (et pour sa maman, culpabilisée de devoir confier son bébé).
- Quelques jours avant l'entrée en crèche ou le début de la garde par la nounou ou l'assistante maternelle, **parlez-en avec votre bébé**. Dites-lui qu'il va se faire plein de copains, qu'il va découvrir de nouveaux jouets, que des personnes très gentilles vont s'occuper de lui… Et rassurez-le toujours en lui disant que vous le retrouverez tous les soirs.
- Le jour J, **n'oubliez surtout pas le doudou !**

- Quand vous amenez votre enfant à la crèche ou chez l'assistante maternelle, que ce soit pour la première fois ou les jours qui suivent, **prenez le temps de lui dire au revoir**, de lui dire qui va venir le chercher le soir… Mais ne prolongez pas les adieux : cela ne ferait que rendre la séparation encore plus pénible.

77. Comment réussir à lui faire manger de tout quand il grandit ?

C'est un fait : les enfants sont souvent plus attirés par le goût sucré et ont tendance à délaisser les légumes. Cela commence dès le plus jeune âge ! Mais il est possible de leur donner, très tôt, de bonnes habitudes alimentaires et de leur faire aimer de tout.

- **Ne baissez pas les bras.** Votre bébé recrache sa purée d'épinard ? N'en concluez pas qu'il n'aime pas ça et qu'il ne faut plus jamais lui en donner. Au contraire ! Les enfants ont parfois besoin de temps pour s'habituer à de nouveaux goûts. Réessayez une autre fois de lui faire découvrir cette saveur, par exemple en la présentant d'une autre façon, en y ajoutant un peu de crème… On dit souvent qu'en matière d'alimentation, tout se joue avant deux ans. C'est pendant qu'il est petit que votre enfant a le plus de chances d'aiguiser son palais et de découvrir différents goûts. Après, ce sera plus difficile (même s'il n'est jamais trop tard).

- **Soyez imaginatif en cuisine.** Soignez la présentation des assiettes, variez les recettes… Montrez-lui que manger est un plaisir, et pas seulement une obligation.
- **Montrez-lui l'exemple** ! Comment voulez-vous que votre enfant goûte sa purée si vous-même ne mangez jamais de légumes ou faites la moue quand on vous en présente ?
- **Emmenez votre enfant faire les courses avec vous, surtout au marché**, montrez-lui toute la diversité des légumes et des fruits, faites-le cuisiner avec vous (quand il sera un peu plus grand)… Rien de tel pour développer sa curiosité gustative !

78. Le congé parental, comment ça marche ?

Le congé parental a été modifié en profondeur début 2015, dans le cadre de la loi égalité homme-femme. Désormais, la PreParE (prestation partagée de l'éducation de l'enfant, c'est son nom officiel) assure des conditions strictement identiques au père et à la mère. Une bonne nouvelle qui devrait inciter plus de papas à s'arrêter de travailler pendant un temps – ou à réduire leur activité professionnelle – pour s'occuper de leur bébé.

- **Sa durée.** Elle est de six mois maximum par parent pour un premier enfant. Six mois pour le père + six mois pour la mère, ce qui fait un total d'un an maximum si les deux parents prennent un congé parental à tour de rôle (mais ils peuvent aussi le prendre en même temps). Le congé parental peut débuter à tout moment, jusqu'au troisième anniversaire de l'enfant. Pour un deuxième enfant, cette durée est allongée à 36 mois maximum au total, à se répartir entre les deux parents (avec un maximum de 24 mois pour l'un des deux parents).
- **Ses conditions.** Il est ouvert à tous les salariés justifiant d'au moins un an d'ancienneté à la date de naissance de l'enfant et de huit trimestres de cotisations vieillesse dans les deux ou quatre dernières années (pour un premier ou un second enfant), dans les cinq dernières années (pour un troisième enfant ou plus).
- **Le montant de l'aide.** Tout dépend si vous arrêtez de travailler totalement ou si vous passez à temps partiel. Vous trouverez son montant à cette adresse : www.service-public.fr/particuliers/vosdroits/F32485. Elle est cumulable si les deux parents prennent un congé en même temps, et elle s'ajoute à l'allocation de base de prestation d'accueil du jeune enfant (Paje).

- **La procédure.** Il faut le demander à son employeur deux mois avant le début du congé parental par lettre recommandée avec accusé de réception (un mois avant si le congé parental débute à la fin du congé maternité). Que vous optiez pour une cessation totale d'activité ou pour un temps partiel, votre employeur ne peut pas vous opposer de refus. En revanche, la durée et les horaires (en cas de temps partiel) doivent être discutés ensemble.

Chapitre 2

L'ÉVEIL DE BÉBÉ

79. Quand va-t-il commencer à marcher ?

Votre bébé se développe à son rythme : certains enfants sont très précoces, d'autres prennent leur temps, d'autres encore, les plus tranquilles, ne se déplacent que très peu. L'âge des grandes étapes qui mène à la marche n'est donc qu'indicatif !

- **Vers 2 ou 3 mois**, Bébé commence à tenir sa tête.
- **Vers 3 mois**, il joue avec ses mains.
- **Vers 4 mois**, il lève ses pieds quand il est sur le dos et essaie de les saisir. Parfois il se tourne du dos sur le côté. Il commence à agripper des objets puis à les saisir de façon volontaire. Vers 5 mois, il essaie de se retourner du dos sur le ventre.
- **Vers 6 mois**, il tient assis avec appui. Entre six et neuf mois, il commence aussi à essayer de ramper.
- **Vers 7 ou 8 mois**, il tient assis seul.

- **Vers 8 mois**, il sait s'asseoir seul, et parfois, il commence à se déplacer à quatre pattes. Certains enfants ne marchent jamais à quatre pattes et se déplacent en faisant des roulés-boulés, en sautillant ou en se traînant sur les fesses. D'autres, dès qu'ils savent s'asseoir, commencent à vouloir se hisser sur les genoux puis sur les jambes, lâcher une main puis les deux mains et enfin se mettre à marcher.
- **À partir de 10 mois** : certains enfants, les plus précoces, commencent à marcher. D'autres attendront calmement 18 mois pour faire leurs premiers pas. L'âge des premiers pas est donc très variable d'un enfant à l'autre et dépend notamment des antécédents familiaux : lorsque les parents ont marché tard, il ne faut pas s'inquiéter si l'enfant met du temps à faire ses premiers pas. Cela dépend aussi de l'ethnie : les bébés noirs sont souvent plus toniques que les bébés blancs et acquièrent donc la marche plus précocement. À l'inverse, les petits Asiatiques mettent un peu plus de temps.

Voici quelques conseils pratiques à l'usage des parents…

- **Les petits chariots, les trotteurs ou les youpalas** ne sont pas conseillés ni appréciés des pédiatres car les enfants deviennent vite dépendants de ces engins et acquièrent la marche plus tardivement que si on les laisse progresser de manière spontanée.

- **Ne mettez pas de chaussures à votre bébé dès qu'il se tient debout** en pensant que cela va faciliter l'acquisition de la marche. Rappelons simplement que les hommes préhistoriques marchaient pieds nus ! La chaussure représente un obstacle entre les terminaisons nerveuses de la plante du pied et le sol. Mieux vaut donc laisser l'enfant pieds nus tant qu'il n'a pas acquis la marche. Il sera bien assez tôt pour lui offrir ses premières chaussures !
- Si votre bébé ne veut pas se tenir debout avec appui, s'il remonte ses jambes, **ne le forcez pas et attendez.** Ne l'obligez pas à marcher s'il n'en a pas envie, continuez à l'aider en lui tenant la main quand il vous sollicite. Vous pouvez aussi, quand il fera ses premiers pas, l'inciter à venir vers vous en ouvrant les bras quand vous êtes à quelques mètres de lui.
- **Si la marche n'est pas acquise à 18 mois** mais que l'enfant progresse de mois en mois, vous n'avez pas à vous inquiéter, malgré tout mieux vaut consulter votre pédiatre pour faire le point ensemble. Les enfants qui acquièrent la marche entre 18 et 24 mois ont ce que l'on appelle un « retard simple » du tonus. Continuez à le stimuler en lui tenant la main ou les deux mains, mais sans le forcer s'il n'en

a pas envie. Dans la très grande majorité des cas, la marche est acquise à l'âge de deux ans.

80. À quel âge va-t-il parler ?

Comme la marche, le langage se développe en passant par des grandes étapes.

- **À 2 mois**, votre bébé vous sourit, fait des vocalises (aheuh, aheuh…) et des gazouillis-réponses quand vous lui parlez. Par exemple, il peut faire « Ah » quand vous avez fini de parler.
- **À 4 mois**, il est capable de rire aux éclats.
- **À 5 mois**, il commence à introduire des consonnes dans ses gazouillis : aga, areuh…
- **À 6 mois**, il sait utiliser plusieurs intonations pour communiquer ses désirs ou sa douleur ou sa faim, son inconfort… Il peut rugir, grogner, glousser, crier.
- **Entre 6 et 9 mois**, il peut babiller, produire des sons de plus en plus complexes, des syllabes à répétition (bababa, papapa…).
- **Vers 1 an**, il prononce ses premiers mots, en général papa ou maman (plutôt mama).
- **Entre 12 et 18 mois**, il est capable de différencier des sonorités très proches, comme bain et pain, par exemple. Il comprend plus de mots qu'il n'en utilise. Il jargonne, c'est-à-dire qu'il parle bébé. Et il utilise des bribes

de phrases ou des bribes de mots (*to* pour gâteau, par exemple).

- **De 18 mois à 2 ans**, son vocabulaire s'enrichit très vite.
- **À 2 ans**, il possède entre 200 et 300 mots différents. Il les reconnaît, ce qui ne signifie pas qu'il sait tous les prononcer. Il sait dire « moi », et se nommer par son prénom. Il sait dire *non* bien avant de savoir dire *oui*, comprend des consignes simples, commence à faire des associations simples, voire des phrases de trois ou quatre mots. Sa prononciation s'améliore.
- **Entre 2 et 3 ans**, il commence à faire des phrases plus complètes, de quatre ou cinq mots. Son vocabulaire devient plus riche. Il commence à se situer dans l'espace (dedans/dehors), distingue le passé du futur (hier/demain). Il acquiert aussi la notion de taille (petit/grand), de nombre (singulier/pluriel), de genre (masculin/féminin). Il connaît les parties du corps et sait les désigner. Il connaît les couleurs et sait parfois les désigner. Il est capable de dire *je* pour parler de lui, pose beaucoup de questions (c'est quoi ça ? ; pourquoi ?).

81. Comment l'aider à développer son langage ?

Pour aider votre bébé à développer son langage, **la clé est de lui parler.** L'erreur courante est de penser que, comme il ne parle pas, il n'a pas besoin qu'on lui parle. Or très vite, votre bébé vous comprend. Profitez de chaque occasion pour lui parler, expliquez-lui tout ce que vous allez faire avec lui : le changer, lui donner à manger, partir en promenade… Il ne comprend bien sûr pas tous les mots que vous employez, mais en utilisant un vocabulaire varié, en lui parlant souvent, en prenant soin de votre diction, vous le maintenez dans un « bain de langage ». Vous devez lui parler comme s'il comprenait tout. Son langage ne pourra se développer qu'avec l'assistance de son entourage. Petit à petit, Bébé va faire le lien entre un mot qui revient souvent (comme biberon, par exemple) et l'action qui suit (le fait de le boire). Votre langage va s'accompagner de gestes, c'est un ensemble. Pour comprendre, votre enfant a besoin de voir les choses dans leur contexte. Quand vous lui parlez de son biberon, désignez-lui son biberon : cela donne du sens au mot qu'il entend. Ce bain de paroles doit entourer le bébé dès la naissance. Le plus important, ce sont les échanges privilégiés qu'il va nouer avec ses proches, les yeux dans les yeux : ses parents, sa nounou, même si elle parle une autre langue... Il est d'ailleurs souhaitable que chacun lui parle dans sa propre langue maternelle, que cela concerne la nounou ou l'un des parents.

Pour favoriser le langage chez les tout-petits, il existe quelques petites astuces.

- **Misez sur le jeu des imitations**. Votre bébé cherche en permanence à vous imiter, mais il apprécie aussi d'être imité à son tour. Observez-le, et répétez à votre tour les sons qu'il a produits. Ajoutez une onomatopée supplémentaire ou un claquement de langue. Ensuite faites silence : votre bébé comprend qu'il a son tour de parole et il va à son tour vous imiter. Ce jeu va beaucoup l'amuser et le préparer activement au langage et à la conversation.
- Pour maintenir Bébé dans ce bain de langage, sans pour autant utiliser un langage compliqué, il faut **employer les mots justes** : ne pas dire par exemple « lolo » à la place de lait, ou encore « tu t'es fait bobo » au lieu de « tu t'es fait mal ».
- Vous pouvez aussi **utiliser des comptines et des petites chansons, lui raconter des histoires** en vous aidant de petits livres ou imagiers. Ainsi, votre enfant enregistre des sensations qui lui permettront de parler à son tour.
- Après un an, plus votre bébé sentira le plaisir que vous avez de dialoguer avec lui, plus il participera. **Avoir une conversation avec**

votre bébé, c'est partager beaucoup d'instants précieux. Quand il vous désigne un objet, en pointant du doigt, vous devez désigner l'objet en le nommant.

- **Encouragez ses progrès de langage** en l'applaudissant ou en lui disant « bravo, c'est bien ». Quand il ne prononce pas correctement un mot, ne le reprenez pas, mais répétez-le vous-même, naturellement. En revanche, s'il dit des phrases inintelligibles ou trop simplifiées, vous pouvez, si vous en avez compris le sens, reformuler la phrase autrement.

L'importance de la collectivité dans l'apprentissage du langage

Sachez que les enfants qui vivent en collectivité développent souvent plus rapidement leur langage que les enfants qui sont gardés seuls avec une assistante maternelle ou une nounou. En effet, la compréhension des enfants est meilleure quand ils entendent d'autres enfants qui ont un langage un peu plus élaboré que le leur, comme s'il y avait des caps à franchir. Progressivement, ils passent d'un cap de compréhension et d'expression à l'autre. Alors qu'avec les adultes, ils sont tout de suite face à un langage très élaboré, ce qui est pour eux plus complexe. Lorsque les enfants vivent en grande collectivité, pas besoin de se préoccuper de leur langage, qui sera de toute façon stimulé par le personnel de la crèche.

Si votre enfant est gardé seul ou en garde partagée, assurez-vous en revanche que la personne qui le garde va lui parler, et qu'elle ne va pas le coller devant un écran ! Car devant l'écran, l'enfant est passif : personne ne lui sourit, l'imite ou ne répond à ses onomatopées. C'est un critère important lors du choix d'une nounou ou d'une assistante maternelle : dès le premier contact avec l'enfant, elle doit avoir spontanément envie de lui parler, dès qu'elle le prendra dans les bras, et lors des changes, du bain, des repas...

82. Comment l'aider à devenir propre ?

La majorité des enfants est propre le jour entre deux ans et deux ans et demi, et la nuit vers trois ou quatre ans, et cela quel que soit l'âge auquel a débuté l'apprentissage de la propreté. Celui-ci ne doit pas commencer avant l'âge de

18-20 mois. En effet, pour être propre, il faut deux conditions :

- **La première condition est physiologique** : il faut que les muscles qui permettent de pousser et de se retenir soient mûrs. On sait que ceux-ci le sont lorsque l'enfant est capable de monter et de descendre quatre ou cinq marches d'escalier sans se tenir à la rampe. Ce qui n'arrive pas avant l'âge de 18-20 mois.
- **La deuxième condition est que l'enfant en ait envie.** Il ne faut surtout pas le braquer ou lui mettre de pression particulière, ce qui aurait pour effet de retarder cette acquisition. Vous trouverez toujours des grands-parents ou des voisins pour vous dire qu'à leur époque, on mettait les enfants sur le pot avant l'âge de la marche, dès neuf ou dix mois, et que cela fonctionnait. Mais soulignons qu'à l'époque, c'était un conditionnement et pas une éducation à la propreté ! Cette méthode n'a plus cours.

On peut donc parfaitement **débuter cet apprentissage entre 20 mois et 2 ans**, avec beaucoup de douceur. Cela ne prend en général que quelques jours, voire quelques semaines. Petit conseil : commencer cette éducation pendant une semaine de vacances, où votre enfant est avec vous, peut être une bonne solution. En effet, il est plus difficile d'avoir une attitude coordonnée vis-à-vis de cet apprentissage entre vous et la personne qui s'occupe de votre enfant (qu'il soit gardé chez une nounou ou à la crèche). Soulignons aussi que ce n'est pas le rôle des grands-parents de le rendre propre !

En pratique :

- Vers 18/20 mois, **achetez un pot confortable,** bien stable. Rangez-le toujours à la même place, si possible dans la salle de bains ou les toilettes. Expliquez à votre enfant que le pot, c'est comme des petits w.-c. C'est là qu'il fera son pipi ou son caca (ou son popo), car maintenant, il est grand. Il pourra l'utiliser quand il sera prêt. Il faut le laisser se familiariser avec ce pot pendant quelques semaines. Au départ, il va jouer avec, le mettre sur sa tête, s'asseoir dessus même tout habillé... Il finira par avoir envie de l'essayer. Il aura aussi envie de vous imiter s'il vous accompagne aux toilettes.
- Vous pouvez également **commencer à lui retirer sa couche** pendant de courtes périodes de la journée, dès l'âge de deux ans ou même un peu avant. Laissez-le se promener en culotte ou en slip pendant les 10 minutes qui précèdent le bain. Expliquez-lui que, maintenant qu'il est grand, il n'aura bientôt plus besoin de couches. Si vous l'avez habitué à se promener nu ou avec une culotte, et qu'il réclame une couche dès qu'il a envie de faire pipi ou caca,

sachez que vous êtes sur la bonne voie : c'est une des premières étapes qui prouvent qu'il commence à maîtriser ses sphincters.

- S'il a un peu peur du pot, proposez-lui, dans un premier temps, de s'y asseoir avec la couche. Vous pouvez aussi **lui lire une histoire qui concerne le pot** (les librairies en regorgent) ou encore lui acheter un petit pot pour son doudou ou sa poupée.
- **En cas d'accident, ne le grondez pas** : proposez-lui d'aller sur le pot pour finir ce qu'il a commencé et rassurez-le en lui disant que la prochaine fois, il aura le temps d'aller sur le pot avant que le pipi n'arrive. Quand il parvient à faire ses besoins sur le pot, félicitez-le.
- **Attendez qu'il ait quitté la salle de bains ou les w.-c. pour vider le pot.** Car c'est symboliquement un cadeau qu'il vous fait. Le bruit de la chasse d'eau peut aussi lui faire peur.
- Les premiers mois, **le pot est préférable au réducteur** (posé sur les toilettes « de grand ») car il est plus facile d'accès pour un enfant, qui peut se débrouiller seul, sans l'aide d'un adulte. Mais aussi parce que l'enfant a souvent peur de tomber dans les toilettes, et peur du bruit de la chasse d'eau. Il faudra toutefois l'habituer peu à peu à aller sur les toilettes.

Si au bout de deux semaines l'apprentissage n'aboutit à rien, c'est qu'il n'est pas prêt.

Soyez indulgent : vous réessaierez quelques mois plus tard. Si cette première étape est franchie avec succès, expliquez à votre enfant qu'il n'aura plus besoin de ses couches pendant la journée parce qu'il va aller sur le pot dès qu'il en aura besoin. Certains enfants sont très vite indépendants et se débrouillent seuls. Mais, dans la majorité des cas, il est préférable de les accompagner sans attendre qu'ils demandent de l'aide, pour aller à la selle. Quand la propreté de jour est bien acquise, vous pouvez aussi, au bout de quelques jours, ôter les couches de votre enfant à l'heure de la sieste. En revanche, attendez encore quelques semaines ou mois pour les enlever la nuit. Sauf si, bien sûr, vous constatez que votre enfant ne mouille plus ses couches la nuit, pendant quatre ou cinq nuits d'affilée. Si votre enfant a confiance en lui, et qu'il est fier d'avoir acquis la propreté le jour – y compris pendant la sieste –, la propreté nocturne suivra rapidement, surtout si vous ne lui mettez aucune pression.

83. Quelles activités faire ensemble ?

Jouer est très important pour votre enfant, tout comme manger ou dormir. Cela fait partie de son quotidien, et c'est son activité principale. Le jeu tient une place essentielle car c'est grâce à lui qu'il va apprendre à utiliser toutes ses capacités manuelles, motrices, affectives, sociales, à s'ouvrir vers autrui, à s'affirmer. Cela le passionne car plus il joue, plus il progresse et plus il a envie de progresser. Votre bébé a très envie d'apprendre, de comprendre et c'est par le jeu qu'il peut le faire.

Votre enfant ne joue pas toujours de la même manière : il peut alterner les jeux calmes et les jeux plus bruyants, les jeux qui demandent de la concentration et d'autres un effort physique ou une capacité d'imagination, des jeux auxquels il peut jouer seul et ceux qu'il partage avec d'autres enfants… Quand il joue tout seul, il rêve, imagine, invente, crée, construit son autonomie, observe, se replie sur ses pensées… Vous pouvez croire qu'il est inactif et/ou qu'il s'ennuie, et pourtant il bouillonne d'idées. Avec les autres enfants, il se sociabilise, il apprend les règles de la vie en société, apprend à accepter de perdre, à attendre son tour, à laisser parler et jouer les autres. Tout cela lui apprend à vivre en collectivité et à interagir avec les autres.

Avec vous, il va s'épanouir en jouant. Jouer avec lui est aussi un bon moyen de développer le lien qui vous unit et de vous attacher l'un à l'autre. À chaque âge, vous pouvez jouer avec lui à des activités différentes.

- **Avec un tout-petit**, vous pouvez cacher un objet que vous faites réapparaître. Vous pouvez aussi, tout simplement, jouer en lui faisant des grimaces, en lui souriant, en approchant votre visage du sien, en lui chantant des chansons… Il aime beaucoup le son de votre voix. Observez-le dans les yeux et bercez-le sur le rythme de la musique : vous vous rendrez compte que certains airs de musique ont un pouvoir magique et peuvent calmer une crise de pleurs.

- **Entre 3 et 6 mois,** il aime beaucoup quand vous faites le clown, quand vous changez votre voix, quand vous lui faites des grimaces. Il commence aussi à attraper les objets : incitez-le à jouer avec des objets qui font du bruit, de la musique… Vous pouvez agiter ces objets devant ses yeux pour susciter son intérêt.
- **Entre 6 et 12 mois,** vous pouvez jouer à « coucou-caché » : les bébés adorent. Vous pouvez le suivre quand il est à quatre pattes, imiter les cris des animaux, lui raconter des histoires, jouer à faire bravo…
- **À partir de 1 an,** les enfants adorent faire semblant. Vous pouvez imiter toutes les activités du quotidien : jouer à manger, dormir, cuisiner, dresser la table, faire la vaisselle, conduire une voiture… C'est aussi l'âge privilégié, après l'acquisition de la marche, pour l'inciter à jouer au ballon : lancer la balle, shooter… Chahuter et chatouiller sont aussi deux activités que les enfants adorent. À éviter cependant le soir avant le coucher, pour ne pas trop les exciter !

En grandissant, votre enfant est sensible au fait que vous vous intéressez à ses activités. Souriez-lui, faites des commentaires, participez à ses jeux... Cela montre la valeur que vous lui prêtez, et que vous prêtez au jeu.

- **À partir de 2 ans,** les enfants aiment beaucoup courir, jouer à cache-cache, se déguiser... Vous pouvez également lui proposer des loisirs créatifs : pâte à modeler, peinture, gommettes... Faites-lui aussi découvrir des jeux de société.

De manière générale, retenez que votre enfant est heureux pendant qu'il joue. Il a besoin d'être encouragé, mis en confiance. C'est à ce moment-là qu'il est le plus libre, actif, créatif. Quand il s'amuse, il ne perd pas son temps, bien au contraire. **Attention à ne pas vouloir à tout prix intellectualiser ces activités de jeux.** Bien sûr, vous avez un petit génie en puissance. Bien sûr, vous serez fier qu'il sache bientôt lire, écrire et compter. Mais à quoi cela sert de savoir compter jusqu'à 40, de connaître son alphabet et de savoir écrire son nom en attaché à deux ans et demi-trois ans ? À rien ! Nourrir la curiosité intellectuelle de votre enfant, c'est tout à votre honneur... quand il grandira. Mais pour l'instant, c'est par le jeu qu'il va se construire, pas par les apprentissages. Incitez votre enfant à jouer pour le seul plaisir du jeu, que ce soit avec d'autres enfants ou avec vous. Même si cela n'est pas spontané chez vous, vous serez très vite heureux de partager des moments de bonheur et d'intimité avec lui.

- **Votre enfant aime la variété** : ne lui proposez pas uniquement des activités d'éveil, sous prétexte de vouloir développer ses capacités intellectuelles, cela se ferait au détriment de sa capacité d'imagination, de rêve et d'invention.
- Le jeu ne doit pas être perçu comme une contrainte, ni un prétexte pour faire des apprentissages qu'il aura toujours le temps de faire plus tard. **Il est bon de jouer aussi pour s'amuser**, tout simplement. C'est par le jeu que votre enfant se construit. De lui-même, il varie les plaisirs, entre jeux affectifs (nounours, poupée), jeux d'éveil (mémos, pâte à modeler), jeux de construction et de plein air.
- L'idéal est que votre enfant ait **des jeux à sa disposition mais pas trop** car il risquerait de ne plus savoir à quoi jouer. Il doit aussi pouvoir être libre de les choisir quand il le souhaite.
- Il est utile de lui **prévoir un espace suffisant** où il puisse mettre un peu de désordre, jouer librement, laisser libre cours à son imagination, faire du bruit… Tout cela demande une certaine liberté d'action. Il ne doit pas être trop cadré. En le laissant s'amuser comme bon lui semble, vous lui permettez de stimuler son

imagination et d'apprendre à s'amuser tout seul. Même s'il adore quand vous lui consacrez du temps.

- Chez les tout-petits, il vaut mieux, quand vous jouez avec lui, éteindre votre téléphone, la télévision ou la radio. **Choisissez le moment pour jouer avec lui** : en fin de matinée, privilégiez les activités calmes. Après la sieste ou le goûter, il est en pleine forme pour faire des jeux moteurs.
- La durée du jeu varie, mais **mieux vaut mieux être patient** : un enfant de moins de deux ans se fatigue vite, ne reste pas attentif plus de 10 minutes, mais c'est très variable d'un enfant à l'autre. Si votre bébé se met à pleurer ou fuit votre regard, il vaut mieux faire une petite pause.
- N'oubliez pas que, **même quand on joue, il faut respecter certaines règles**, ne profitez pas du jeu pour lui autoriser quelque chose qui sera ensuite interdit, par exemple escalader les meubles, franchir les barrières… Ce n'est pas parce que l'on joue que tout est permis.

84. Quels jouets lui offrir en fonction de son âge ?

Même si vous avez hâte de jouer à la poupée ou au train électrique avec votre enfant, chaque chose en son temps. Sachez que les jeux d'éveil doivent être adaptés à l'âge de l'enfant.

- **Les tout-petits** jouent avec tout ce qui leur tombe sous la main : ils adorent tirer des petits bouts de papier pour jouer avec, les mettre à la bouche, jouer avec des emballages, des boîtes en plastique... Vous devez toujours avoir le réflexe d'éloigner de lui les objets contondants ou les objets qui risquent de l'étouffer s'il les porte à sa bouche. Inutile donc de dévaliser le rayon des jouets.
- **Jusqu'**à **6 mois,** vous pouvez vous contenter de coucher Bébé sur un tapis d'éveil avec un portique d'activités sur lequel vous accrocherez des jouets, des hochets, un mobile, des livres en tissu, des peluches... Il essaiera de les agripper ou de les toucher avec ses pieds.
- **Entre 6 et 12 mois**, vous pouvez offrir à votre enfant des jouets qui s'encastrent ou s'empilent, des jouets sonores, un tableau d'activités, des jouets en plastique pour le bain, un petit ballon et des livres en carton.
- **Entre 12 et 18 mois** : il est attiré par les jouets à tirer, le porteur, les jouets qui s'encastrent, les livres cartonnés avec des volets qui s'ouvrent.
- **Entre 18 mois et 2 ans** : il aime les jeux de construction, les crayons de couleur, les pastels, les gommettes, l'ardoise magique, les petits puzzles de trois à cinq pièces,

les poupées, les petites voitures, les livres d'histoires, les instruments de musique…

- **Entre 2 et 3 ans**, il peut découvrir le tricycle ou la draisienne, les puzzles plus élaborés et surtout les jeux d'imitation (mallette de docteur, dînette, caisse à outils…), les livres d'histoires, les feutres, la pâte à modeler, les dominos, sans oublier tous les jeux de société adaptés à son âge (Memory, par exemple).

Entre un et trois ans, votre enfant joue pour apprendre à se connaître, se forger une bonne image de soi. En jouant, l'enfant expérimente des solutions et développe sa capacité d'analyse, de raisonnement et de déduction, sa créativité et son imagination. C'est pourquoi **il est important qu'il puisse jouer librement**, avec des petits personnages, par exemple, et pas seulement des jeux de société qui ont des règles précises. Le jeu a aussi un rôle social : en faisant semblant d'être une maman, une maîtresse, un docteur, l'enfant assimile le fonctionnement de la société. Le fait d'imiter ses parents, en se maquillant ou en bricolant, permet aussi de se positionner comme fille ou garçon.

Le jeu lui permet de découvrir ses capacités, mais aussi ses limites : il est capable de faire un puzzle, d'emboîter des cubes. Il découvre aussi des activités qu'il est incapable de faire, comme certains jeux de construction, des puzzles plus complexes… C'est pourquoi le choix d'un jeu doit se faire selon l'âge, mais aussi le niveau de motricité fine de votre enfant (habileté). Votre enfant se désintéressera rapidement des jeux trop faciles ou trop difficiles.

L'astuce en +

Pour renouveler régulièrement les jeux mis à la disposition de votre enfant sans trop dépenser, vous pouvez en louer. Plusieurs sites proposent ce service : loca-jouet.fr, club-des-ptits-loups.fr… Vous pouvez aussi vous rendre dans les ludothèques : votre enfant pourra y emprunter des jouets, mais aussi s'y faire des amis. Enfin, pour vous procurer des jeux et jouets à moindre coût, direction les vide-greniers. Mais attention à l'état des jouets que vous achetez.

Apprenez à votre enfant à jouer seul

Il est essentiel que votre enfant apprenne à s'occuper seul afin de développer ses propres capacités d'invention. Jouer seul est aussi une preuve d'autonomie. Pour les plus petits, ce n'est souvent possible qu'avec la proximité d'un adulte dans la pièce. Au fur et à mesure qu'il grandit, vous pouvez vous éloigner, mais tout en gardant un œil sur lui.

Les enfants qui ne savent pas jouer seuls et sollicitent constamment la présence des adultes sont des enfants angoissés : c'est une forme d'angoisse de séparation. Votre enfant a sûrement du mal à trouver sa place au sein de la famille. Pour résoudre ce problème, il faut lui accorder un moment rien qu'à lui dans la journée, au cours duquel vous êtes entièrement disponible pour lui. À d'autres moments, incitez-le à s'occuper seul, en restant à ses côtés. En grandissant, votre enfant doit comprendre que les occupations des adultes et celles des enfants ne sont pas toujours les mêmes.

Chapitre 3

ENTRE AUTORITÉ ET COMPLICITÉ

85. Qu'est-ce que le « terrible two » ?

Le *terrible two* est la période entre 18 mois et deux ans et demi. Votre enfant grandit vite, acquiert des capacités pour devenir autonome et s'affirmer. Pendant cette période, **son activité favorite est de tester ses parents en permanence, de les provoquer en changeant d'attitude jusqu'à être parfois en opposition totale.** Votre petit ange devient un petit démon ! Il fait des colères ou des caprices, refuse de manger ce que vous avez préparé, mord ou tape les autres enfants, leur arrache les jouets des mains… Il est en train de s'affirmer, son identité est en construction. Il vous dit *non*, s'oppose à vous systématiquement, soit en exprimant le *non* par la voix, le geste, un mouvement de tête ou en affichant son indifférence. Toutes ces attitudes sont un moyen de vous provoquer en mettant à l'épreuve votre autorité, en y résistant, voire en s'y soustrayant. **Il veut aussi faire tout tout seul, comme les grands** : « moi tout seul » est sa phrase préférée. Il a besoin de vérifier, de voir par lui-même... Tout est prétexte pour éprouver, voire repousser les limites de ses capacités motrices : il veut boutonner sa veste tout seul, remplir son verre d'eau lui-même... Il veut aussi se faire remarquer en attirant le regard, en monopolisant l'attention sur ce qu'il fait. Il vous interpelle bruyamment, même si vous êtes en train de parler à un tiers. Il essaie aussi de franchir des interdits, il a besoin de faire ses propres expériences en dépit des risques qu'il ne connaît pas et qu'il ne mesure pas encore pleinement. C'est la période des défis risqués où il se met en danger. Il grimpe à l'échelle, sort tout seul de la maison, ne veut pas donner la main dans la rue... Il est parfois boudeur, instable, grincheux, voire agressif avec vous : « Je t'aime plus », « T'es méchant », « T'es plus mon papa ». De cette façon, il expérimente toute la palette des émotions qui permettent d'extérioriser ses sentiments, de manifester son désaccord ou son mécontentement.

Vous l'aurez compris : cette étape est un passage obligé dans le développement de votre enfant. C'est la preuve qu'il grandit et s'affirme. Mais cette période peut aussi être difficile à vivre au quotidien. Voici comment bien réagir.

- **Soyez ferme si votre enfant a un comportement inacceptable**, s'il tape ou mord un autre enfant, par exemple. Il faut tout de suite intervenir en lui disant que c'est interdit, et surtout en mettant en valeur la conduite à adopter avec les autres : être gentil, attendre son tour au toboggan, attendre qu'on lui prête les jouets plutôt que les arracher des mains des autres enfants…
- **Dédramatisez**, en particulier s'il manifeste son refus au moment des repas. Le forcing alimentaire n'a jamais servi à rien. À cet âge, il faut désamorcer le conflit et gérer le problème autrement, en lui accordant davantage d'autonomie, par exemple en lui proposant un autre aliment. C'est d'ailleurs ce qu'il demande en disant non : avoir le droit lui aussi, comme un grand, de faire des choix.
- Au moment de la crise, **ignorez-le** (mais en gardant toujours un œil sur lui). Ce n'est pas pendant la crise que vous arriverez à le raisonner, ni en le mettant au coin, ni en menaçant de le punir. En adoptant cette attitude, vous constaterez qu'il finira par se calmer assez vite, tout seul.

86. Père autoritaire ou papa complice : comment trouver le juste milieu ?

Pour favoriser l'épanouissement et la construction de votre enfant, il est tout d'abord important de lui offrir un environnement stable, affectueux et sécurisant. Jouer avec lui, lui manifester de l'attention, passer du temps avec lui, cultiver la confiance et l'estime de soi de votre enfant, ça, c'est le côté « papa complice ». **De cette manière, votre enfant apprendra à s'affirmer,** en se respectant lui-même et en respectant les autres. Un enfant qui a une bonne image de lui aura plus de facilités à développer une ouverture d'esprit, de l'empathie, de l'attention envers les autres, en particulier les autres enfants. Afin de pouvoir s'affirmer, il faut aussi bien se connaître et s'accepter tel que l'on est, avec ses capacités, ses fragilités et ses défauts. Vous devez encourager l'expression de ses émotions et la manifestation de ses goûts. Vous devez aussi lui laisser faire ses propres expériences en stimulant sa curiosité, sa soif de découverte, pour lui apprendre à être entreprenant dans les limites du raisonnable, mais aussi pour lui apprendre à accepter ses erreurs et ses faiblesses.

Dans le même temps, **il faut fixer des limites raisonnables et cohérentes en étant constant et ferme sur certains principes indiscutables,** notamment en ce qui concerne la sécurité (rester sur le trottoir), la politesse (dire bonjour, au revoir, merci), l'hygiène (se laver les mains avant le repas ou après être allé aux toilettes), les règles de vie en société (ne pas taper). C'est le côté « papa autoritaire ». Aujourd'hui, l'éducation n'est plus aussi stricte qu'il y a une ou deux générations, mais la permissivité à outrance a montré ses limites, et elle est de plus en plus critiquée. Il faut donc trouver un juste milieu. Poser les interdits, énoncer clairement ce qui est bien ou mal, donne des repères à votre enfant et lui permet de se construire. Les parents qui ont peur d'être trop stricts ou qui ne refusent rien à leur enfant, par facilité ou parce qu'ils sont peu disponibles, ne rendent pas leurs enfants plus heureux. Au contraire, un enfant qui n'a pas de limites est angoissé, il risque de devenir instable et agité.

En pratique, voici quelques conseils utiles pour vous aider au quotidien.

- **Utilisez votre énergie pour faire respecter ce qui vous semble vraiment important** (donner la main pour traverser, dire merci) et ne soyez pas aussi intransigeant sur le reste (manger avec les doigts, par exemple). Si vous êtes trop exigeant, vous risquez de décourager totalement votre enfant qui peut se dévaloriser en se sentant incapable de vous satisfaire.
- **Expliquez toujours les règles à votre enfant.** Ce qui fait la différence entre l'autoritarisme

à l'ancienne et une discipline nécessaire, c'est que les règles peuvent être expliquées à l'enfant et comprises. Prenez le temps d'expliquer, avec des mots simples, les règles et les limites avec les conséquences logiques de chaque action. Par exemple : « Si tu ne prends pas ton bain maintenant, il faudra le faire plus tard, juste avant le coucher et on n'aura plus le temps de lire une histoire. » « Si tu ne donnes pas la main pour traverser la route, une voiture pourrait te renverser. Je ne voudrais pas qu'il t'arrive du mal car je t'aime très fort. » « Si tu arraches les jouets des mains de cette petite fille, elle ne voudra plus jamais jouer avec toi. »

- **Apprenez aussi à faire des compromis** : « OK, tu ne ranges pas tes jouets maintenant, mais il faudra le faire avant d'aller te coucher. » Les enfants d'aujourd'hui donnent leur avis, essaient de négocier. Ils doivent être pris en considération, mais c'est bien sûr aux parents d'établir le cadre et de décider en dernier recours.
- **Restez ferme.** Que l'enfant transgresse, c'est normal : il teste ses parents. En désobéissant, il vérifie que le cadre est bien là. Si les parents réagissent fermement, les choses rentrent dans l'ordre.

- **Respectez la parole donnée à votre enfant** : ce qui est dit doit être tenu, qu'il s'agisse d'une récompense ou d'une privation.
- **Détournez son attention**, proposez-lui une autre activité, une autre distraction quand il s'obstine à provoquer au risque de se braquer ou de vous braquer dans un blocage stérile.
- **Félicitez et encouragez-le** quand il agit selon vos règles de conduite, en lui montrant votre approbation. Vous renforcerez ainsi son estime de soi, ce qui lui permettra de mieux supporter les autres moments de désillusion ou de frustration.
- **Favorisez les rencontres avec d'autres enfants de son âge**. C'est une bonne façon de développer sa sociabilité, mais aussi de lui montrer que les autres enfants, eux aussi, doivent suivre des règles édictées par leurs parents.
- **Faites preuve de patience, soyez constant mais aussi indulgent** en vous souvenant que vous aussi avez été un enfant obstiné, voire têtu. Enfin, soyez convaincu que vous faites de votre mieux et souvenez-vous que votre enfant a bien conscience de l'amour que vous lui portez.

Paroles de papa

« À la maison, on partage l'autorité, chacun à sa manière. Je ne suis pas un dictateur, mais oui, je sais faire preuve d'autorité. Quand il faut hausser le ton ou mettre au coin, je le fais. Je ne suis pas du tout dans la tolérance sans limites. Sur ce point, je suis encore de l'ancienne école. »

Florian, papa d'Ettan et Emmie

87. Que faire quand il me dit non *tout le temps ?*

Entre un et trois ans, votre enfant va connaître une explosion de son développement affectif, psychologique, moteur… Il entre dans une phase que les psychologues appellent la « toute-puissance infantile ». Son univers s'ouvre, les limites sont repoussées, il peut se déplacer en marchant, en courant, en escaladant… Il devient propre, enrichit son vocabulaire. Cette autonomie grandissante va s'accompagner d'un désir nouveau d'exploration. C'est en repoussant les limites de son univers qu'il va découvrir les frustrations et les interdits qui découlent de cette entrée dans la socialisation. C'est une étape essentielle dans le développement psychoaffectif de chaque enfant. **En disant *non*, il comprend qu'il a le pouvoir et le droit de s'affirmer, d'être entendu, d'être**

pris en compte en tant qu'individu doté de sa propre identité. Le *non* représente donc la manifestation majeure d'une identité en construction. C'est essentiel de le comprendre pour bien réagir aux *non* à répétition de votre enfant.

Essayez toujours de comprendre pourquoi il dit *non*. Le plus souvent, il cherche simplement à attirer votre attention, à tester votre réaction, de façon certes provocatrice, mais dans le but d'éprouver les limites, ce qui lui servira à mieux comprendre les règles du monde qu'il découvre. Quand vous aurez pris en considération son *non*, votre enfant va se percevoir comme un être différent des autres, avec une pensée qui n'appartient qu'à lui, et donc capable d'échanger cette pensée, de la partager avec autrui. Le simple fait de ne pas vous braquer et de vous interroger sur le pourquoi du *non* saura le rassurer, servira à lui donner confiance en lui, et à acquérir la construction mentale nécessaire aux échanges et à la vie en société.

88. Faut-il céder à ses caprices ?

Pour la plupart des gens, les caprices ont une connotation négative. Pourtant ils font partie, tout comme le *non* (voir question précédente), de l'apprentissage et de la construction de la personnalité de l'enfant. Le caprice se définit comme une manifestation parfois violente : **c'est le seul moyen qu'a votre enfant pour manifester sa frustration, son insatisfaction et son mal-être.** Il se traduit par des cris soudains, des hurlements et peut aboutir à une grosse colère : l'enfant se roule par terre. Tous les parents se retrouvent un jour confrontés à cette situation, souvent sous le regard d'inconnus à l'air moqueur… ou réprobateur.

À partir d'un an ou un an et demi, votre enfant commence à vouloir s'affirmer en tant qu'individu. Il s'oppose à vous uniquement pour affirmer ses propres désirs. En même temps, il se sent frustré car il découvre que tous ses désirs ne peuvent pas être comblés à la minute, voire pas assouvis du tout et que les désirs des autres, en particulier de ses parents, peuvent être différents des siens. À cet âge-là, il n'a pas encore la capacité d'analyser le moment présent en prenant du recul. Il n'a pas encore la notion de règle de conduite, d'impératif à respecter en matière de sécurité, de politesse, d'hygiène. Il n'est pas encore capable d'exprimer ses sentiments. La seule façon d'exprimer cette insatisfaction, c'est le caprice. Les caprices commencent à s'estomper au fur et à mesure que votre enfant comprend qu'il n'est pas le centre du monde, que ses désirs ne sont pas forcément les mêmes que ceux des autres. La maîtrise du langage lui permet aussi de mieux exprimer ses sentiments.

Pour prévenir les caprices, il existe quelques règles d'or :

- **Posez des limites claires, en restant ferme sur vos positions**, afin de lui donner des repères et le sécuriser. S'il essaie de dépasser ces limites, il faut à chaque fois les repréciser en lui expliquant la raison d'être de ses limites : pourquoi il ne peut pas manger une friandise avant le repas, pourquoi il doit donner la main pour traverser, pourquoi il doit mettre son manteau pour sortir, pourquoi il doit dire bonjour à la voisine… C'est essentiel pour l'aider à construire son propre raisonnement. Même si son langage n'est pas développé, il a une capacité de compréhension plus développée que sa capacité d'expression : il comprend une grande partie des choses que vous lui expliquez, surtout si vous utilisez des mots simples. Montrez-lui que vous aussi avez des contraintes à respecter, et qu'elles ne vous plaisent pas toujours.
- **Montrez-lui l'exemple.** Il sera difficile d'exiger de votre enfant qu'il dise bonjour aux voisins si vous-même vous contentez d'un hochement de tête. Votre enfant vous observe, vous admire et vous imite.
- **Proposez-lui des choix,** et montrez-lui qu'il a des choses à dire. « Tu veux ton manteau ou ton blouson ? », « Tu veux une ou deux cuillères de brocoli ? », etc.

- **Gardez votre calme**. Hurler ou le brusquer ne sert à rien. Cela risque même d'être délétère dans la construction de sa personnalité.
- **Ne cédez pas à son caprice.** Cela ne fait pas de vous un mauvais papa ou un papa trop sévère. C'est à vous de lui apprendre les règles. Si vous cédez, cela lui montrerait votre faiblesse et le déstabiliserait. Soyez cohérent d'un caprice à l'autre, sinon cela lui donnerait un sentiment d'insécurité. Céder lui ferait croire qu'il suffit de hurler pour voir ses désirs exaucés. Cela ne se passe pas comme ça chez les grands.
- **Essayez de comprendre la raison de son caprice.** Même s'il commence à parler, il ne sait pas encore bien exprimer son ressenti. Il pleure et crie pour attirer votre attention.
- Une fois qu'il est calmé, **mettez des mots sur les raisons de son caprice** en l'aidant à organiser sa pensée. S'il est plus grand, il pourra plus facilement verbaliser son mal-être.

Les caprices chez les enfants plus grands

À partir de cinq-six ans, les caprices à répétition d'un enfant peuvent être une façon d'exprimer sa difficulté à trouver sa place, notamment au sein de la famille ou de la fratrie. C'est à vous de lui dire où est sa place. Parlez-lui pour que votre enfant entende bien ce que vous avez à lui dire et puisse aussi exprimer son ressenti : « Papa j'ai fait une colère parce que je n'étais pas content à cause de ci ou de ça. »

En général, les caprices cessent vers sept ans quand l'enfant intègre les désirs des autres, quand il commence à montrer de l'empathie pour autrui. S'il continue à se montrer capricieux, c'est peut-être parce que vous avez cédé trop souvent : il n'a plus confiance dans votre autorité. Ce qui peut être anxiogène. Dans ce cas, mieux vaut demander de l'aide, en en parlant à votre pédiatre. Celui-ci pourra ensuite vous orienter vers un psychologue pour enfants spécialisé en « guidance parentale », qui vous donnera des conseils de bon sens afin d'améliorer les choses en quelques séances.

89. Comment réagir en cas de grosse colère ?

La colère est une forme exacerbée de caprice (voir question précédente). L'enfant tape, hurle, se roule par terre quand on lui refuse quelque chose. Parfois, les parents sont dépassés et ont des comportements inadaptés : ils crient, voire réprimandent leur enfant d'une gifle ou d'une fessée. Ces colères surviennent le plus souvent entre deux et trois ans, au moment de la période d'opposition. Elles s'expliquent de la même façon que les caprices : votre enfant manifeste son désaccord ou sa frustration sous une forme physique, car il ne maîtrise pas encore suffisamment le langage. Voici quelques conseils pratiques pour apprendre à bien les gérer.

- **Si ses colères surviennent avec tous les membres de son entourage** (vous, sa maman mais aussi sa nounou ou le personnel de la crèche), votre enfant a sûrement des difficultés relationnelles avec les autres par manque de confiance en lui.
- **Si ses colères vous sont adressées à vous ou à sa maman uniquement**, sa personnalité est moins en cause. Il manifeste sûrement une forme d'angoisse, car il n'arrive pas à trouver sa place. Peut-être exprime-t-il le fait que vous ou sa maman n'êtes pas disponibles pour lui ? Peut-être avez-vous des soucis qui vous accaparent ? Partagez-vous avec votre enfant autre chose que les contraintes du quotidien (toilette, repas) ? Avez-vous le temps de jouer suffisamment avec lui, de lui parler ? Si vous avez d'autres enfants, essayez de lui consacrer du temps de façon spécifique.

Notez aussi que les colères sont plus souvent dirigées vers la maman, qui est en pole position dans l'affection d'un petit enfant, que ce soit dans un sens (câlins) ou dans l'autre (colères).

- **Quoi qu'il se passe, gardez votre calme.** Si vous vous montrez violent, en mots ou en actes, votre enfant constatera que vous réagissez comme lui. Cela ne le calmera pas, bien au contraire : cela accentuera son sentiment de malaise intérieur. Au moment de la colère, opposez votre calme. Isolez-vous avec votre enfant et proposez-lui un câlin de paix qui le rassurera.
- **N'hésitez pas à vous faire aider.** Votre pédiatre (ou un psychologue) peut vous conseiller utilement. Dans la majorité des cas, il n'y a rien de grave. Des petits réajustements sont toutefois nécessaires dans l'organisation du quotidien, dans la façon d'être avec votre enfant… pour le rassurer, l'apaiser en lui reprécisant les limites.

Et la fessée ?

La fessée est une réponse inadaptée aux caprices des enfants, tout comme les cris. Elle ne fait que traduire l'exaspération des parents face à des enfants dont le sport favori est d'essayer de vous tester, vous provoquer. Quand vous criez ou avez recours à la fessée, vous augmentez l'anxiété de votre enfant. Il existe d'autres réponses plus adaptées. Sachez par ailleurs qu'une loi, adoptée définitivement en juillet 2019, interdit totalement ce type de violence. La France est ainsi le 56e pays à interdire la fessée.

90. Comment se faire obéir sans crier ?

Pendant la période d'opposition, les enfants prennent un malin plaisir à provoquer et à faire tourner en bourrique leurs parents. Certains gestes quotidiens pourtant simples peuvent devenir de véritables cauchemars pour les parents, complètement épuisés par ces rapports de force permanents. Pour éviter les violences inutiles et dommageables pour l'enfant, pour l'amener à vous obéir en toute quiétude, il existe quelques astuces.

- **Gardez votre calme en toutes circonstances.** Les cris, les punitions, la fessée sont des solutions inefficaces à long terme. Ils traduisent l'impuissance et l'exaspération des parents devant le comportement de leur enfant. Ces violences verbales et physiques accordent à votre enfant des intentions négatives qu'il n'a pas. Si c'est le seul type d'attention que votre enfant reçoit, il peut en arriver à se conduire mal dans le seul but d'obtenir de l'attention.

- **Le minuteur est une solution bien pratique** pour arriver à ce que votre enfant vous obéisse sans créer de rapport de force, que ce soit le matin pour s'habiller ou le soir pour aller se coucher. Jouer à la course contre la montre est un moyen ludique pour inciter votre enfant à se conformer aux règles établies. Le matin, plutôt que de lui hurler dessus pour qu'il s'habille, transformez l'opération en jeu en réglant le minuteur : « Si tu arrives à t'habiller avant que le minuteur ne sonne, tu auras gagné. Comme ça, tu auras du temps pour jouer avant d'aller à la crèche ou chez la nounou. » Vous pouvez utiliser la même astuce le soir, pour le coucher.
- **Ne soyez pas trop autoritaire et proposez-lui toujours des alternatives**, afin qu'il ait l'impression de prendre lui-même des décisions. Il sera d'autant plus enclin à faire les choses s'il a l'impression d'avoir le choix. Par exemple, demandez-lui s'il préfère mettre son bonnet bleu ou sa cagoule rouge, son jean ou son pantalon gris, plutôt que de lui imposer des vêtements qu'il refusera de porter par principe. Tout cela doit être fait de façon cadrée, si vous savez qu'il va refuser de manger un yaourt, demandez-lui : « Tu préfères un yaourt à la

poire ou à la cerise ? » Ensuite, valorisez son *oui* en lui disant que vous appréciez qu'il ait accepté de mettre son bonnet ou de manger son yaourt. Ne lui donnez pas l'impression que ses caprices lui donnent plus d'importance que ses moments de calme, qu'ils lui apportent plus d'attention.

- **Parlez d'une même voix avec sa maman.** Dans le couple, vous devez être d'accord sur la façon de gérer les caprices et les colères de votre enfant, sur les grands principes de son éducation. En effet, quand un parent a tendance à céder plus vite que l'autre, l'enfant se dirige évidemment vers ce parent. C'est une petite victoire pour lui de constater qu'il y a un désaccord entre vous, surtout si vous l'exprimez devant lui. D'où l'importance de faire le point de temps en temps avec votre compagne, mais pas devant l'enfant.

91. La punition est-elle toujours utile ?

Punir son enfant n'est plus trop « à la mode ». Aujourd'hui, on conseille aux parents d'être avant tout à l'écoute des besoins et des désirs de l'enfant, d'essayer de mieux le comprendre. Pour beaucoup de parents, la punition, qui engendre la frustration, gêne cette compréhension. Voilà pourquoi ils refusent de punir leur enfant car cela va à l'encontre d'une éducation moderne. D'autres parents, peu sûrs d'eux-mêmes, évitent d'imposer une frustration à leur enfant car ils ont peur que celui-ci les rejette, ce qui leur est insupportable.

Rappelons toutefois que la punition est utile dans certaines circonstances. Le refus de punir son enfant peut amener à des attitudes excessives et à des enfants non cadrés (et des parents complètement dépassés !). Pour qu'une punition soit utile, il faut respecter quelques principes.

- **La punition vient sanctionner le fait d'avoir transgressé une règle explicitement posée.** Ce qui implique que les règles doivent avoir été clairement énoncées par l'adulte en amont. Ce qui paraît évident aux yeux des parents ne l'est pas toujours pour l'enfant. Il doit comprendre clairement que ce qu'il a fait est interdit, que son attitude n'est pas acceptable et qu'il ne doit pas recommencer. Toutes les « bêtises » ne sont donc pas punissables : un enfant qui casse un objet par maladresse ne doit pas être puni, car il n'a pas transgressé une règle établie. Dans ce cas, la prévention sera plus utile que la punition. Vous pouvez ainsi lui dire : « Si tu avais tenu l'assiette avec les deux mains, elle ne serait pas tombée. » La situation est différente s'il casse un objet que vous aviez interdit de toucher. Dans ce cas, vous pouvez vous interroger s'il est utile de le punir ou pas. Certes il a transgressé une règle, mais était-il judicieux de laisser cet objet à portée de mains ? À ce titre, vous aussi avez peut-être commis une erreur… La punition n'aurait pas vraiment de sens. Vous pouvez en revanche le gronder, sans lui faire peur bien sûr, en haussant un peu le ton, en lui disant que ce qu'il a fait n'est pas bien, qu'il ne doit pas recommencer. Cette gronderie ne doit pas être excessive et ne doit pas durer trop longtemps. Pour le tout-petit, c'est une punition suffisante.

- Pour l'enfant un peu plus grand (à partir de deux ans), **la punition doit être réparatrice**. Par exemple, il a mis le bazar dans sa chambre ? Il doit la ranger. Il inonde la salle de bains en mettant de l'eau partout en prenant son bain ? Il doit aider à éponger. La punition viendra du fait que cela lui fera moins de temps pour jouer.
- **Il ne faut pas punir un enfant qui fait un caprice**. La phase d'opposition est une phase nécessaire, l'enfant doit pouvoir exprimer ses contestations sans que l'adulte se braque. Dans ce cas, il est bien plus utile d'expliquer que de punir.
- Si la notion de frustration et de désagrément est indissociable de la notion de punition, **cela ne veut pas dire qu'il faut l'humilier ou le**

violenter. Cela le culpabiliserait et l'empêcherait de prendre conscience de la bêtise qu'il a fait.

- Quand il n'est pas possible d'opter pour la punition-réparation, reste **la punition privative, à condition de ne pas toucher aux besoins fondamentaux de l'enfant.** Le priver de dessert, par exemple, n'est pas logique, tout comme l'empêcher de jouer. En revanche, le priver d'écran à partir de trois ou quatre ans peut être une bonne solution : cela crée une vraie frustration, sans toucher à ses besoins fondamentaux.

92. Comment gérer les disputes entre frères et sœurs ?

Les petites et les grandes disputes entre frères et sœurs font partie de la vie de famille. Les enfants passent une grande partie de leur temps à se disputer (que ce soit avec leurs frères ou leurs sœurs ou avec les autres enfants d'ailleurs) : c'est pour eux l'occasion de mesurer leur force, d'essayer de surpasser l'autre… **Les disputes permettent aussi d'apprendre la négociation, la discussion, le partage, les règles de vie en société, le respect de l'autre.**

Entre frères et sœurs, l'objet de la discorde dépend de l'âge. Les plus petits se disputent souvent à propos d'un objet, d'un vêtement... Les plus grands s'affrontent sur les notions de territoire : la place dans le canapé, la chambre de chacun... **Ces disputes sont souvent amplifiées par la fatigue ou la faim, certaines situations** (un trajet long en voiture, un moment d'ennui...), **un changement d'habitudes** (vacances, visite d'un membre de la famille), qui sont autant de sources d'angoisse pour l'enfant. **Les disputes sont parfois révélatrices de petits soucis familiaux** : les enfants peuvent se disputer pour attirer l'attention de leurs parents. La preuve : quand les adultes s'absentent, la dispute retombe. Cette volonté de capter l'attention des parents peut révéler un malaise de l'enfant qui s'interroge sur l'amour qui lui est accordé. C'est le cas si l'enfant a du mal à trouver sa place dans la famille, quand il se sent lésé par rapport à son frère ou sa sœur, quand l'arrivée d'un petit frère ou d'une petite sœur perturbe le quotidien ou quand une famille se recompose. Tout ce qui est nouveau, inhabituel, peut perturber l'enfant : un déménagement, une nouvelle grossesse, un changement de mode de garde, un deuil, une perte d'emploi ou au contraire une reprise du travail d'un des parents peuvent être vécus comme des situations très angoissantes par les enfants qui expriment cette anxiété en provoquant des disputes.

Quel rôle doit jouer l'adulte dans ces disputes ?

- Si les conflits ne prennent pas de proportions excessives, s'il n'y a pas de violences, si ce n'est pas toujours le même enfant qui a le dessus, **il vaut mieux ne pas intervenir.** Les enfants doivent apprendre à régler eux-mêmes leurs problèmes relationnels. L'intervention d'un adulte ne pourrait qu'aggraver le problème.
- **Intervenez quand l'un des enfants martyrise l'autre en permanence.** Quand la situation est durable et récurrente, il faut aussi intervenir, mais de la façon la plus neutre possible en aidant les enfants à trouver une solution qui ne désavantagera ni l'un ni l'autre.
- **Ne prenez pas le parti d'un enfant contre un autre** : l'enfant pourrait penser que vous l'aimez moins que son frère ou sa sœur, ce qui ne ferait qu'aviver sa rancœur et déclencher de nouvelles disputes.
- **Définissez des règles à l'égard de l'autre :** ne pas le taper, ne pas lui prendre ses jouets sans lui demander son accord avant, ne pas rapporter dans le seul but de nuire à l'autre, de le dénigrer ou de se mettre en valeur.
- **Après la dispute, prenez le temps d'en parler avec chaque enfant** séparément, afin qu'il puisse exprimer sa souffrance, sa frustration… Chaque enfant réagit de manière individuelle, même au sein d'une fratrie.

- Si vous ne trouvez pas de solution à un conflit qui dure et s'éternise, **consultez un psychologue** pour enfants afin de dénouer la situation.

93. Papa d'un petit garçon : comment être un bon modèle ?

En tant que papa, vous avez un rôle fondamental dans la construction de la personnalité de votre fils, dès la naissance et jusqu'à l'âge adulte. Vous devez être présent à chaque moment clé de sa vie : jouer avec lui, rire avec lui, faire du sport avec lui... Un petit garçon a besoin d'avoir une image masculine forte pour se construire et s'affirmer. Vous devez aussi l'accueillir tel qu'il est avec ses qualités et ses défauts, ses forces et ses faiblesses, mais aussi et surtout lui montrer que vous l'aimez, partager avec lui des moments de rire, de jeux, mais aussi des confrontations. Vous devez lui enseigner les limites, le respect de l'autre. Vous serez aussi amené à lui parler, plus tard, de vos racines, mais aussi de l'amour et des femmes car à l'adolescence, il se posera beaucoup de questions.

Même si les papas d'aujourd'hui s'impliquent davantage dans l'éducation de leurs enfants, ils continuent souvent d'incarner l'autorité, celui qui donne les limites. N'hésitez pas à cadrer votre enfant même si vous avez des plaintes, des récriminations, et s'il va se consoler en allant voir sa maman. Cette image du père autoritaire va s'estomper au fur et à mesure que l'enfant grandit.

Si parfois le dialogue entre père et fils est difficile, une relation de complicité et de tendresse va naître entre vous, même si vous et votre enfant ne l'exprimez pas toujours. Si vous avez des difficultés à exprimer les choses à votre enfant, ne vous inquiétez pas. Les papas ne sont pas toujours très doués pour cela. Le plus important est de partager des moments ensemble. Les activités communes peuvent remplacer les mots : aller à la piscine, bricoler ensemble, aller voir des spectacles de marionnettes…

Paroles de papa

« Mon fils copie tout ce que je fais. Il veut manger tout ce que je mange, même les tartines de roquefort. Il prend les mêmes postures que moi, avec les mains dans le dos. Il feuillette les livres page à page, en suivant du doigt. Il tient son crayon comme moi… Je me rends compte que je suis complètement responsable. Et donc qu'il faut vraiment que je fasse attention à ce que je fais. Je me dois de ne pas me tenir avachi ! »

Tristan, papa d'Augustin

94. Papa d'une petite fille : quelles relations avoir avec elle ?

Un papa tisse avec sa fille dès la naissance des liens uniques. C'est grâce à cet amour que la petite fille va se construire peu à peu et s'ouvrir au monde. Entre un père et sa fille, c'est l'amour au quotidien avec une note de séduction. À la différence du petit garçon, pour qui le papa sert de confirmation, puisqu'il le conforte dans son sexe, le papa est pour sa fille une révélation qui incarne l'attractivité de l'autre sexe. Leurs relations sont empreintes de séduction, ils le sentent bien tous les deux.

La relation père-fille est très particulière et elle évolue sans cesse. L'influence que vous aurez sur votre petite fille expliquera un certain nombre de ses comportements. Jusqu'à trois ans, elle est proche de sa maman, puis elle se tourne vers son papa qui est l'objet de toute son attirance. Son objectif : le conquérir. Pour cela, elle entre dans un jeu de séduction en vouant à son papa un amour inconditionnel et une grande admiration : « Mon papa, c'est le plus beau, le plus fort… » ou même « Je vais me marier avec lui ». Même si c'est très gratifiant pour vous, il est important de remettre votre fille à sa place, et de lui dire que c'est de sa maman que Papa est amoureux : c'est l'Œdipe inversé (ou complexe d'Électre). À l'adolescence, il se résout : la fille se détache de son père, élabore sa propre personnalité, éprouve de l'attirance, voire du désir pour d'autres personnes que ses parents. La complicité perdure, mais de façon moins marquée, avec plus de réserve et de pudeur.

Pour nouer avec votre fille une relation saine et durable, propice à son épanouissement, il existe quelques principes simples à garder en tête.

- Dans la relation que vous entretenez avec votre fille, il est important de **distinguer le passé du présent.** Certains papas vont en effet chercher à revivre avec leur fille la relation fusionnelle qu'ils ont vécue avec leur propre maman. D'autres vont lui demander de lui donner l'amour qu'ils n'ont pas reçu étant enfant. D'autres encore sont ravis d'avoir une fille plutôt qu'un garçon pour ne pas raviver la relation qu'ils ont eue avec leur propre père. Tout cela ne doit pas interférer dans la relation que vous créez avec votre fille.
- **Une petite fille a besoin de voir ses parents s'aimer.** C'est une condition indispensable pour qu'elle puisse à son tour devenir aimée et aimante. Le regard amoureux que vous portez sur votre compagne est important pour qu'elle puisse s'épanouir, pour qu'elle soit heureuse et qu'elle ait une idée positive de la vie de couple.
- Vous devrez **aider votre fille à acquérir et à développer sa féminité**, lui dire qu'elle est jolie, lui offrir une bague, un parfum…

Votre regard sur elle est essentiel, il doit être admiratif. Vous devrez être fier d'elle et transmettre une image positive. Entre un papa et une petite fille, s'installe une relation de tendresse, d'amour et d'admiration. Le rôle du papa est d'encourager sa fille, de la guider vers le monde extérieur sans la garder pour lui. Vous êtes le premier homme dans la vie de votre petite fille et vous avez un impact déterminant dans sa vie, tant sur le plan professionnel que sur le plan amoureux.

- À l'adolescence, même si ces liens sont distendus, vous devrez **continuer à la valoriser.** Vous devrez accepter qu'elle soit aussi séduisante aux yeux des autres hommes. Et même si elle refuse tout geste d'affection ou semble se rapprocher de sa mère, vous devez rester proche d'elle, en continuant à porter sur elle un regard rassurant.

Paroles de papa

« Je suis papa d'un petit garçon et d'une petite fille. Je les aime autant l'un que l'autre mais je dirais qu'avec ma fille, je suis plus dans la tendresse, les câlins… Sûrement parce que j'ai, inconsciemment, l'image d'Épinal de la petite fille plus fragile. »

Florian, papa d'Ettan et Emmie

Chapitre 4

BÉBÉ, SA MÈRE ET MOI

95. Comment partager l'autorité au sein du couple ?

Autrefois, tout était clair : le père était l'incarnation même de l'autorité, la mère, elle, appliquait les consignes venues « d'en haut » (du père). Papa gendarme, maman consolatrice. Mais les mentalités évoluent. Si on pose la question à des parents : « Qui de vous deux est le plus autoritaire avec les enfants ? », les réponses seront à coup sûr beaucoup plus variées. Mais **les stéréotypes ont la vie dure, et l'image du papa qui gronde, sorte de dernier recours quand tout a été tenté pour faire obéir l'enfant, a encore cours dans de nombreuses familles.** Pas facile de se débarrasser de plusieurs siècles d'histoire… C'est en résumé la conclusion d'un colloque intitulé « L'autorité a-t-elle un sexe ? », organisé par

la Fédération nationale des écoles de parents et d'éducateurs.
Chez les psychanalystes, les choses sont très tranchées. Comme le dit clairement la psychanalyste Claude Halmos dans un article sur le site Psychologies.com, « c'est au père de poser les limites, et à la mère de les rappeler quand il n'est pas là en faisant référence à lui. En fait, pour que l'autorité fonctionne, il faut que la mère intervienne au nom du père. (…) En se référant à la parole du père, elle montre en effet à l'enfant que, alors qu'il la croit toute-puissante, elle accepte un interdit qui ne vient pas d'elle, qu'elle ne "fait pas la loi". » Sous-entendu donc, c'est l'homme qui fait la loi, pas la femme. Pas sûr que tous les papas d'aujourd'hui se reconnaissent dans cette vision des choses. Comme le souligne le psychiatre et psychanalyste Serge Hefez, **l'autorité parentale a changé : à l'autorité verticale du Père s'est substituée une autre forme d'autorité, horizontale cette fois.** Celle-ci passe par les liens affectifs et le dialogue, et non par des ordres et des consignes froides qu'il faut appliquer. Au sein du couple, chacun est apte à exercer cette nouvelle forme d'autorité. Elle n'est donc plus réservée au père.
En pratique, le plus important est de retenir qu'un enfant a besoin de limites. C'est la mission de ses deux parents de les lui rappeler en permanence. Inutile donc de culpabiliser en vous disant

que vous n'êtes pas assez autoritaire (ou quand votre femme vous reproche de ne pas l'être suffisamment) : **chacun a sa propre histoire avec l'autorité, et sera donc capable de l'exercer à son tour de manière différente.** Ce n'est pas une question de sexe, et donc pas l'apanage des pères, mais avant tout de personnalité et de vécu. À la maison, l'idée n'est pas de désigner celui qui fera le père ou la mère Fouettard et celui qui fera le « gentil ». L'autorité doit être le résultat d'un dialogue permanent. Il n'y a donc pas de règles en la matière : c'est à vous deux, en tant que couple, de trouver votre mode de fonctionnement en ce qui concerne l'autorité…

Paroles de papa

« À la maison, j'endosse un peu plus le rôle de *bad cop* que sa mère. Avec ma femme, on s'est mis d'accord sur quelques grands principes, comme ne pas se contredire devant notre fille. On s'est aussi donné quelques grands objectifs à atteindre comme la coucher plus tôt le soir. Ensuite, chacun agit en fonction de sa sensibilité. J'arrive plus facilement qu'elle à tenir sur une punition et à ne pas céder. Je n'ai pas peur de la faire pleurer si je gronde car je sais qu'elle m'aime. Je ne veux pas faire d'elle une Paris Hilton, une petite fille capricieuse et égocentrique. Mais cela ne fait pas partie d'un grand plan de bataille, cela s'est fait comme ça. J'estime que c'est aussi mon rôle, en tant que papa, de montrer à ma fille que la vie n'est pas toujours toute rose. Je veux qu'elle comprenne que quand je dis non, c'est non. Mais cela n'empêche pas que nous sommes très proches : j'adore jouer avec elle, passer du temps avec elle, lui apprendre plein de choses. Je veux lui donner les clés pour avancer dans la vie… avec un gros nappage d'amour par-dessus ! »

Thierry, papa d'Inès

« Qui incarne l'autorité à la maison ? Ma femme pense que c'est elle. Moi, je suis plutôt papa gâteau. Je suis assez permissif : si mon fils prend la télécommande, je m'en fiche. Mais quand je dis non, c'est non. Je sais aussi être très très ferme quand il en va de sa sécurité. Ma stratégie est d'utiliser très peu le "non" pour qu'il soit radical. J'essaie de faire la différence entre ce qui n'est pas grave (quand mon fils mange avec les mains, par exemple) de ce qui a trait à sa survie. Je suis en quelque sorte le gardien de la sécurité. »

Tristan, papa d'Augustin

« J'ai un travail très prenant et il est vrai que je suis moins à la maison que ma femme, qui a pris un congé parental à la naissance de notre troisième fille. Étant moins présent mais aussi assez calme, je pense que quand je monte le ton, cela a un impact plus fort que quand ma femme le fait. Elle, elle doit répéter trois ou quatre fois les choses aux filles pour qu'elles les fassent. Alors que moi, au bout d'une fois, je sanctionne et je mets au coin. Physiquement, je suis assez grand donc cela joue aussi ! Je pense être un papa assez ferme et assez strict sur les règles, mais aussi un papa souple et attentif. Avec ma femme, nous mettons un point d'honneur à encourager nos filles, et pas seulement à leur dire ce qui ne va pas. »

Cédric, papa de Sara, Emma et Éléonore

96. Je travaille à la maison : comment gérer le quotidien ?

Depuis l'arrivée de votre enfant, vous avez fait le choix de travailler à domicile ? Ou bien vous travailliez déjà à la maison avant l'arrivée de Bébé et vous avez décidé de ne rien changer ? Ou encore vous avez décidé de faire un ou plusieurs jours de télétravail par semaine ? Quelle que soit la situation, il est important de respecter certaines règles. L'objectif est de ne pas tout mélanger, mais au contraire de bien séparer ce qui relève de la sphère privée de ce qui appartient à la vie professionnelle. C'est pour le bien de votre enfant, mais aussi pour votre bien et votre efficacité personnels.

- Tout d'abord, **ne considérez pas que travailler à la maison est la solution idéale quand on n'a pas de mode de garde.** Certes, cette option peut dépanner quelques semaines avant une entrée en crèche, pendant les vacances de la nounou ou encore quand Bébé est tout petit (et donc passe une grande partie de sa journée à dormir), mais ce n'est pas une solution à long terme. S'occuper d'un enfant est une occupation à temps plein et elle n'est pas compatible avec un autre emploi à temps plein. Sinon, vous devenez papa au foyer, et c'est une autre histoire (voir aussi p. 354).
- **Séparez bien les espaces professionnel et privé.** Évitez de travailler sur le coin de la table de la cuisine ou, pire, dans le canapé ou dans votre lit : vous avez besoin d'un espace dédié, aussi petit soit-il. Si vous avez peu d'espace à la maison, il vous faudra faire preuve d'un peu de créativité pour vous aménager un lieu propice au travail : une petite table dans un coin du salon peut faire l'affaire.

- **Posez-vous des limites en termes d'horaire.** En travaillant à la maison, vous serez sûrement chargé d'emmener et d'aller rechercher votre bébé à la crèche ou chez la nounou. Décidez d'horaires fixes et tenez-vous y. Même si vous pouvez faire quelques exceptions de temps en temps et « finir plus tôt » pour profiter de votre temps libre avec votre enfant. C'est cela aussi l'avantage de travailler à la maison.
- **Ne vous laissez pas envahir** par les tâches ménagères à faire : courses, rangement, paiement des factures… Bien sûr, vous pouvez gérer votre temps comme vous le souhaitez et donc vous pouvez en profiter pour les faire à n'importe quel moment de la journée, et pas uniquement le soir après le boulot. Mais il est facile de se laisser déborder. Réservez-les à un moment précis de la journée, par exemple juste après ou avant votre pause déjeuner.
- **N'oubliez pas de faire des pauses** ! Vous n'avez certes pas de collègues sous la main pour aller prendre un café à la machine et discuter de choses et d'autres, mais rien ne vous empêche d'aller en prendre un au bar le plus proche. Faire des pauses, c'est essentiel pour souffler et retrouver sa concentration.

97. Papa au foyer : une bonne idée ?

Les temps changent, les mœurs évoluent. Les papas au foyer sont une réalité contemporaine, même si, en pratique, les hommes qui prennent un congé parental longue durée pour s'occuper de leur enfant sont encore rares. On estime qu'à peine un père sur neuf réduit ou cesse son activité après la naissance de son enfant.

Pourquoi devient-on père au foyer ? D'abord **par choix personnel.** Il peut s'agir d'une envie, voire d'un besoin, même si cette idée peut paraître insolite aux yeux de l'entourage parce qu'elle n'est pas encore entrée dans les mœurs. Vous pouvez aussi décider d'être père au foyer **pour des raisons financières**, par exemple si vous gagnez moins bien votre vie que votre compagne, si vous êtes en recherche d'emploi ou encore parce que le coût de la garde est trop important par rapport à ce que vous gagnez. Pour bien vivre cette situation, il faut qu'elle soit mûrement réfléchie, aussi bien par vous que par votre compagne. Ce ne doit pas être une contrainte, mais une vraie décision prise par le couple. Même si, dans la réalité, devenir papa au foyer est plus le fruit de circonstances que d'une volonté propre : mutation professionnelle, volonté de privilégier la carrière du conjoint…

Que cela soit choisi ou non, l'essentiel est de réussir à faire coïncider vos désirs et aspirations avec votre situation de père au foyer. **Il faut être très organisé, ponctuel, rigoureux** sur les horaires de repas, de coucher… Cette rigueur que souvent les papas qui travaillent n'ont pas ! De la même façon, ne vous laissez pas dépasser par les tâches ménagères, mais faites les choses au fur et à mesure. En contrepartie de cette rigueur, vous aurez l'avantage de pouvoir être disponible pour vos enfants, pour les emmener faire des activités, pour jouer avec eux… Être père au foyer n'est pas synonyme que de corvées !

Attention à ne pas tenir compte du regard des autres. Si vous êtes heureux dans votre vie de père au foyer, votre entourage le sera aussi. Certains prétendront qu'un papa au foyer n'est pas bon pour le psychisme de l'enfant, qu'il a plutôt besoin de la présence quotidienne d'une maman. Cela ne repose sur aucun fondement, alors ne vous en préoccupez pas. Si vous prenez un congé parental, vous devrez aussi lutter contre le monde de l'entreprise, qui voit en général d'un plus mauvais œil un homme qui se rend disponible pour son enfant par rapport à une femme. Ce monde contribue aussi à décrédibiliser l'image du père au foyer. Voilà pourquoi ce choix doit avant tout être réfléchi, avec tout ce qu'il implique en termes d'avantages et d'inconvénients. Mais n'oubliez pas une chose : vous avez un statut rare, mais combien de papas, en réalité, vous envient ? Et combien de femmes aimeraient que leur conjoint suive votre exemple ? Alors n'ayez pas d'état d'âme et profitez-en.

98. Ma compagne critique ma façon de faire avec les enfants : comment réagir ?

L'éducation des enfants est un sujet majeur de disputes au sein du couple. Vous avez puni votre enfant parce qu'il a dessiné sur le mur de sa chambre : votre compagne vous trouve trop sévère et ne veut pas que vous bridiez sa créativité. Vous emmenez votre enfant chez le pédiatre parce qu'il est enrhumé : elle estime que ce n'est pas la peine. Vous autorisez votre enfant de trois ans à dîner devant la télévision le samedi soir : elle ne veut même pas en entendre parler. Toutes les décisions concernant les enfants, qu'elles soient petites ou grandes, peuvent faire l'objet de conflits entre les parents, qui peuvent parfois mener, s'ils sont régulièrement répétés, à une incompréhension durable, voire à une séparation. Il est donc important de réagir avant qu'il ne soit trop tard.

Aujourd'hui, la répartition des rôles au sein des couples n'est plus aussi claire qu'avant : le père n'est plus l'incarnation de l'autorité et la mère celle de la tendresse. Les hommes s'impliquent davantage dans la vie quotidienne de la famille,

et il est donc normal que des conflits apparaissent entre les parents car ils ne sont pas toujours d'accord sur tout. C'est normal et même préférable pour l'enfant : si ces parents étaient toujours d'accord sur tout, parlaient de la même voix au point de se confondre, comment pourrait-il se construire ? L'enfant a besoin de comparer, d'avoir plusieurs modèles et non une seule et unique image à laquelle se référer.
Le plus important à retenir est que chacun, en tant que parent, se cherche. Il n'existe pas une seule et unique façon d'être parent, et chacun expérimente et apprend au jour le jour. Les erreurs et les divergences de point de vue sont donc possibles. Au sein du couple, chacun est en droit de dire à l'autre qu'il n'a pas la même vision des choses. Mais attention, pas n'importe comment ! L'autre règle d'or à retenir est qu'il ne faut jamais laisser éclater le conflit devant l'enfant parce que celui-ci serait obligé de choisir son camp, ce qui aurait pour effet de lui faire perdre ses repères. Cela ne signifie pas que le couple ne doit pas parler de ce qui les divise, bien au contraire, mais il faut le faire en coulisses, pas devant les enfants. L'objectif est alors de trouver un compromis qui conviendra aux deux, et qui n'engendrera ni frustration ni ressentiment : OK pour laisser Hugo dessiner sur le mur de sa chambre, mais uniquement sur celui qui est près de la porte ; OK pour consulter un

médecin si Léa est toujours enrhumée dans deux ou trois jours, mais pas dès qu'elle éternue ; OK pour un petit dessin animé le samedi soir, mais pas en dînant…
Dans une majorité des cas, il est possible de trouver un compromis. En revanche, si les conflits sont trop nombreux, ou s'ils soulèvent des questions vraiment très profondes, il peut être utile de consulter une personne extérieure.

99. On se sépare : comment l'expliquer à l'enfant ?

En moyenne, un couple sur deux se sépare. C'est la réalité de notre époque. Quelles qu'en soient les raisons et quel que soit l'âge de l'enfant, il est important de lui en parler avec des mots adaptés, tout en le protégeant. Voici quelques conseils à garder en tête pour faire en sorte que tout se passe au mieux.

- **Ne lui cachez pas les choses.** Dès le plus jeune âge, un enfant est capable de ressentir tout ce qu'il se passe autour de lui, et en particulier ce qui se trame entre ses deux parents : c'est une véritable éponge. Voilà pourquoi il est essentiel de ne rien lui cacher. Parlez-lui avec des mots simples, de manière sereine, sans montrer aucune rancœur ou animosité contre sa maman. Même s'il ne saisit pas toute la portée de ce que vous dites, il capte le message essentiel.

- **Dites à votre enfant que votre séparation n'est pas de sa faute**. Un enfant se sent souvent coupable : « C'est parce que je n'ai pas été sage. » Expliquez-lui que la relation que vous avez avec sa mère est une chose, et que la relation que vous avez avec lui en est une autre.
- **Efforcez-vous de rester en bons termes avec votre ex-compagne**, pour le bien de votre enfant. Celui-ci doit sentir que, même si ses parents ne vivent plus ensemble, ils gardent une relation sereine et stable, sur laquelle l'enfant peut se reposer. Continuez à employer les termes « ta maman », ne la critiquez pas ouvertement et gardez les disputes et les discussions sur l'organisation pour les moments où vous n'êtes que tous les deux.
- **Dites-lui que vous l'aimez très fort, et que sa maman l'aime aussi très fort.** Expliquez-lui, s'il est en âge de comprendre, qu'il est la personne la plus importante pour vous deux. Rassurez-le en lui disant que ce qui est important pour lui est d'avoir un papa qui l'aime et une maman qui l'aime. Expliquez-lui que le fait que ses parents s'aimaient eux aussi était un plus. Mais un plus qui ne doit pas être aussi important qu'il peut le penser.

- **Faites appel à une personne extérieure** (thérapeute familial, par exemple). Si vous estimez que votre relation est trop compliquée pour que vous puissiez expliquer les choses simplement à votre enfant, le recours à une tierce personne pourra être bénéfique. Cette personne pourra non seulement faire office de relais entre vous et votre enfant, mais aussi vous aider à renouer le dialogue avec votre compagne, vous conseiller sur la meilleure attitude à adopter, les choses à faire ou ne pas faire au quotidien, vous aider à vous poser les bonnes questions…

La garde alternée progresse… lentement

Pendant longtemps, la garde des enfants après un divorce a été accordée de manière quasi systématique aux mamans. Mais les choses sont en train d'évoluer lentement, notamment en ce qui concerne la garde alternée (une semaine chez l'un, une semaine chez l'autre). En 2002, ce mode d'organisation ne concernait que 12 % des décisions de justice en cas de divorce. En 2012 (derniers chiffres disponibles), la proportion s'élève désormais à

21 %. Chez les couples non mariés, on estime que cette proportion est de 11 %, contre 7 % en 2003 (mais il ne s'agit que d'une estimation, car ces couples ne sont pas obligés de faire appel à un juge pour décider de leur organisation). Résultat : un enfant sur cinq qui a des parents séparés vit désormais alternativement au domicile de l'un et de l'autre.
Mais il y a encore du travail à faire pour reconnaître la place du papa et lui accorder une égalité des droits. La résidence principale chez la mère reste en effet l'option la plus largement privilégiée : 73 % des cas contre seulement 7 % pour les papas.

Sources : Infostat Justice, janvier 2015.

100. Comment assurer quand on est un papa célibataire ?

Si la maman solo est aujourd'hui reconnue et considérée, le papa solo, lui, a encore du travail à faire pour bénéficier d'autant de bienveillance à son égard… Si vous êtes dans ce cas, vous avez sûrement déjà fait l'expérience des regards apitoyés qui se posent sur vous ou les questions remplies d'inquiétude qu'on vous pose (« Et ça va, tu t'en sors ? », « Pas trop dur d'élever un enfant sans maman ? »). À vous de montrer que, oui, vous assurez comme un pro !

- **Si vous êtes papa célibataire « à mi-temps »** (garde alternée avec la maman), le plus difficile est de trouver un rythme de croisière. La semaine avec votre enfant, adaptez-vous à son rythme, rentrez du travail plus tôt pour passer le maximum de temps ensemble, faites des activités ensemble (mais sans pour autant oublier les devoirs), couchez-vous tôt… La semaine sans, faites l'inverse : profitez-en pour travailler plus tard (et prendre de l'avance), sortir avec vos amis, faire du sport, penser à vous… Un équilibre qui sera peut-être difficile à trouver au début, mais qui vous comblera à coup sûr.
- **Si vous êtes papa célibataire à plein-temps** (vous êtes seul à élever votre enfant), il vous faudra assurer tout seul sur tous les plans. Si vous le faites depuis la naissance de votre enfant, vous avez sûrement déjà trouvé vos marques. Si c'est pour vous tout nouveau, ne vous mettez pas trop la pression : accordez-vous un peu de temps, vous ne pouvez pas tout changer du jour au lendemain, et devenir Super-Papa en un claquement de doigts. Dans les deux cas, si vous le pouvez, n'hésitez pas à demander de l'aide à des proches : vos parents, vos frères ou sœurs, des amis… Ou encore à vous tourner vers des sites

spécialisés dans les parents solo (voir encadré ci-après) qui peuvent vous fournir des conseils et des petits coups de pouce.

Le site à consulter !

Parent-solo.fr est, comme son nom l'indique, conçu pour le parent qui élève seul son enfant. Tout est mis en œuvre pour vous faciliter le quotidien : informations juridiques sur le statut de parent solo, propositions de colocation ou de covoiturage, forums de discussion…

GLOSSAIRE

amniocentèse : ponction du liquide amniotique effectuée dans le but d'étudier les caractères chimiques, spectrophotométriques et cytogénétiques dudit liquide, permettant de déterminer la maturité fœtale, le degré de souffrance fœtale en cas d'immunisation fœto-maternelle, de diagnostiquer une aberration chromosomique ou simplement le sexe fœtal (dans le cadre du dépistage d'une maladie liée au sexe par exemple).

anesthésie péridurale : anesthésie loco-régionale permettant l'accouchement par voie basse en atténuant la douleur.

asthénospermie : diminution de la mobilité ou de la durée de mobilité des spermatozoïdes.

baby blues : forme légère de dépression qui survient entre le premier et le troisième jour après l'accouchement et qui peut durer plusieurs semaines.

carnet de santé : carnet tenu à jour par le pédiatre, qui va suivre votre enfant pendant toute sa croissance.

caryotype : représentation chromosomique d'une cellule considérée comme une constante caractéristique d'un individu ou d'une espèce.

césarienne : incision chirurgicale de l'utérus dans le but d'en extraire le fœtus et le placenta.

clarté nucale : cette mesure, qui se fait lors de la première échographie – à la 12e semaine d'aménorrhée/10e semaine de grossesse –, est essentielle pour le dépistage des anomalies chromosomiques, en particulier la trisomie 21.

congé paternité : droit accordé à tous les jeunes papas de prendre un congé dans les quatre mois qui suivent la naissance, mais qui peut se poursuivre au-delà. La durée en est actuellement de onze jours calendaires – samedis, dimanches et jours fériés inclus – pour la naissance d'un enfant, de 18 jours pour des jumeaux. Le contrat de travail est alors suspendu, ainsi que le salaire. Le papa peut percevoir des indemnités journalières de la Sécurité sociale. Pour en savoir plus : http://www.ameli.fr

contractions utérines : contractions rythmées et régulières plus ou moins espacées ressenties par la maman dans tout l'abdomen et dans les reins. Au fur et à mesure du travail, les intervalles sont de plus en plus courts.

couvade : pendant la grossesse de la maman, le papa sécrète moins de testostérone et davantage de prolactine, et peut présenter les symptômes de la grossesse (nausées, prise de poids, envies soudaines…). Elle est également appelée grossesse nerveuse.

dépression du post-partum : forme aggravée du *baby blues*, qui se rapproche de l'état dépressif.

disproportion fœto-pelvienne : se dit du bassin de la maman qui est trop étroit par rapport à la tête du bébé.

échographie morphologique : c'est le nom que l'on donne à la deuxième échographie – à la 22e semaine d'aménorrhée. Elle permet d'étudier la morphologie du fœtus de façon détaillée.

épisiotomie : section chirurgicale du périnée à partir de la commissure postérieure de la vulve, destinée à agrandir l'orifice vulvaire et à faciliter l'accouchement par voie basse.

fécondation : union d'un gamète mâle et d'un gamète femelle de même espèce aboutissant à la formation d'un zygote.

forceps : pince géante qui sert à faciliter la sortie du bébé lorsque sa descente est arrêtée ou trop lente, ou lorsque l'expulsion spontanée est dangereuse pour la mère. Nullement douloureuse, ni pour la mère ni pour l'enfant, son utilisation est malgré tout impressionnante.

haptonomie : préparation à la naissance qui se pratique en couple. Le principe : communiquer avec le bébé via le toucher sur le ventre de la maman.

julep gommeux : médicament très ancien à base d'eau de chaux et de gomme arabique destiné à limiter l'acidité de l'estomac de l'enfant et à diminuer l'intensité et la durée des coliques.

lanugo : duvet très fin qui couvre tout le corps du fœtus, à l'exception des paumes des mains et des plantes des pieds. Il apparaît à environ 18 semaines de grossesse.

maternité de niveau 1 : maternité qui prend en charge les grossesses dites normales, sans risque particulier ni pour la mère ni pour l'enfant, et où les nouveau-nés peuvent être pris en charge en cas d'affection sans gravité (photothérapie, réchauffement en incubateur, perfusion de courte durée).

maternité de niveau 2 : maternité qui prend en charge les grossesses dites à risques (accouchement prématuré...), avec une unité de soins intensifs.

maternité de niveau 3 : maternité avec unité de réanimation néonatale et de réanimation adulte.

méconium : matière contenue dans l'intestin du fœtus et du nouveau-né dans ses quatre premiers jours, de couleur brunâtre et de consistance pâteuse.

norme NF EN 716 : label apportant la preuve qu'un matériel est conforme aux normes de sécurité en vigueur.

oligospermie : insuffisance du nombre de spermatozoïdes dans le sperme.

ovulation : Émission par l'ovaire d'un ovule. Elle survient 14 jours avant les règles quand les cycles sont réguliers, et dure trois ou quatre jours.

ovule : gamète femelle arrivé à maturité, apte à être fécondé.

plagiocéphalie positionnelle : c'est le nom médical du « syndrome de la tête plate ».

perte du bouchon muqueux : pertes glaireuses, épaisses et gélatineuses, grisâtres et parfois teintes de sang ; ce n'est pas le signe d'un accouchement imminent et cela peut même survenir quelques jours avant.

reconnaissance anticipée : démarche faite par le papa s'il n'est pas marié avec la maman, ou simplement pacsé, qui sert à attester qu'il est bien le père de l'enfant à naître.

reflux gastro-œsophagien : remontée pathologique, en fréquence et/ou en quantité, de lait et/ou de liquide gastrique.

rupture de la poche des eaux : écoulement brusque sans signe prémonitoire, d'une quantité souvent importante d'un liquide fluide clair comme de l'eau, qui nécessite un départ immédiat pour la maternité.

smegma : sécrétion plus ou moins abondante qui maintient le prépuce collé au gland, et qui ressemble à du blanc d'oeuf coagulé.

semaines d'aménorrhée : pour calculer une grossesse en semaines d'aménorrhée, on prend comme point de départ le premier jour des dernières règles de la femme, soit en moyenne 14 jours avant la fécondation.

semaines de grossesse : le décompte en semaines de grossesse se base sur le jour de la fécondation et permet de déterminer l'âge réel du bébé.

spermatozoïde : cellule reproductrice ou gamète de l'homme. Lors de la fécondation, le spermatozoïde s'unit à l'ovule pour former une cellule-œuf, qui se développera ensuite en embryon, puis en fœtus.

utérus cicatriciel : utérus qui a déjà subi une césarienne.

vernix : enduit jaune et gras qui recouvre le corps du nouveau-né. Il est constitué par un mélange de cellules épidermiques desquamées et de sébum.

TABLE DES MATIÈRES

EN SUPPLÉMENT

Téléchargez le tableau récapitulatif des grandes étapes de l'évolution du fœtus *in utero*.

Rendez-vous vite sur la page :

http://blog.editionsleduc.com/nouveaux-papas.html

ou scannez ce code

Pour scanner le QR code avec votre téléphone ou votre tablette, téléchargez sur votre magasin d'applications mobiles (App Store, Android market, etc.) une application permettant de lire les QR codes. Lancez l'application et visez le QR code avec l'appareil photo de votre téléphone mobile. L'application reconnaît automatiquement le QR code et vous permet de voir son contenu sur votre écran.

Vous pouvez également accéder au contenu via le lien indiqué, il vous suffira pour cela de taper ce lien directement dans la barre de recherche de votre navigateur Internet.

Cet ouvrage est composé de matériaux issus de forêts gérées durablement certifiées PEFC™

PEFC™ PEFC/14-38-00277

Achevé d'imprimer en août 2020
par Novoprint
Dépôt légal : septembre 2020
Imprimé en Espagne